All About
momoko 3
DOll
By Holly

시노하라 타모츠
「초대 모모코 DHEXs
(인치킹 패키지)」

It's All About momoko DOLL.

직역하면 'momoko에 대한 모든 것'입니다.
하지만 '모든 것은 momoko를 위해'라는 의미도 있습니다.

2001년 8월, 마나베 나미에 씨의 개인전 'DOLLHEAD
EXHIBITION 2001(DHEX)'을 통해 데뷔한 momoko는 2016
년 8월에 15주년을 맞이했습니다. 2001년 8월 11일, DHEX
2001 전시장에서 momoko ver. DHEXs(초대 흑발 쇼트)를 처
음 봤을 때의 흥분을 아직 잊지 못합니다.

동경하던 서양의 여자아이나 비현실적인 판타지 캐릭터가 아
닌, 현실에 있을 법한 세련된 일본 여자아이를 구현한 새로운
인형이었습니다. 그해 여름을 시작으로 매일 momoko만 생각
하며 지내왔던 것 같습니다.
momoko의 매력은 인형다운 데포르메와 사실적인 조형이 절
묘하게 융합된 얼굴과 아름다운 스타일입니다. 물론 트렌드를
반영해 세심한 부분까지 표현해낸 완성도 높은 구두와 옷도
매력적입니다. 일류 패션모델이 시즌이나 매종별로 전혀 다른
매력을 뿜어내듯 데뷔부터 지금까지 새로운 메이크업과 코디네
이션으로 존재감을 드러내고 있습니다. 하지만 단호한 표정을
심플한 메이크업으로 구현한다는 콘셉트는 한결같았습니다.

2001년부터 2016년까지 양산판 momoko의 여정과 momoko의 세
계를 장식한 1/6 슈즈의 전 카탈로그, 양산의 틀을 깨고 자유롭게
창의력을 펼친 콜라보까지, 널리 퍼진 momoko의 세계를 느껴보
세요.

책 앞부분에 게재된 Holly's COLLECTION은 제가 소장한
momoko 인형들입니다. 그중에는 momoko 팬 분들께서 보내주신
인형도 많습니다. 개인 컬렉션이라기보다 'momoko를 좋아하고 소
중하게 생각하는 분들께서 빌려주신' 무척 소중한 컬렉션이라고 해
야 할 것입니다.
이 책을 만드는 과정에서 많은 분께 도움을 받았습니다. 정말 감사
합니다! 그분들 모두가 'momoko를 위해서!'라는 말 한마디로 흔
쾌히 도와주셨다는 점이 무엇보다 기쁩니다.

momoko에 대한 모든 것, 혹은
모든 것은 momoko를 위해

Contents

The book's title "All About momoko Doll" has a double meaning; it may refer to a complete reference guide or just as well, a declaration of love and devotion.

"momoko" made her debut at Namie Manabe's private exhibition named "DOLLHEAD EXHIBITION 2001" in August, 2001. She will be celebrating her 15th Anniversary this coming August. I will never forget my excited first impression of momoko on August 11, 2001. It was the first model, momoko ver.DHEXs, with the short black hair.

She was neither a foreign representation of a Japanese girl's aspirations nor an unrealistic fantasy character. She was a new doll that embodied a stylish Japanese girl living in the present. Since that summer, momoko has constantly occupied my thoughts.

momoko's appeal lays with her doll-like face that exquisitely merges the stylished and the realistic, as well as her fashion sense, with incredibly detailed, high quality clothes and shoes that reflect current fashion trends. Through these 15 years, with her simple make up, unchanged since the beginning, her fresh and unique presence expresses the charm of changing seasons and fashion houses just like a top class fashion model.

From 2001 to the present, momoko's world is ever expanding through an extensive production line of dolls, 1/6 scale shoes and wonderfully imaginative collaborations with designers and artists.

"Holly's Collection" presented in this book is of dolls I personally own, though many were entrusted to me or purchased from other momoko fans.

So rather than a personal collection, I like to think of it as the collection of people who love and treasure momoko.

I received a great deal of support in making this book. I really appreciate your cooperation. Everyone said "Let's work together, for momoko's sake!" and that, I truly treasure.

It is All About momoko Doll. All for momoko's sake

Thank you,
Holly August, 2016

민트 그린 컬러의 눈동자를 가진
Holly 씨의 이상형인 momoko.
화사한 색채는 그대로 둔 채
눈썹과 입술 질감을 약간 조정했습니다.
15년이 지나도 변치 않는 momoko의
싱그러움을 입술에 얹어…
모미지

화이트 원피스의 가슴에서 빛나는 15개의 작은 진주.
그 여름 만남의 행복한 기억을 떠올리며 한 땀 한 땀.
2016년 8월로 안내해준 이들에게 고마움을 담아…
Daisy-D HIROKO

Holly COLLECTION

Daisy-D
「momoko ver. 02DD sample」
메이크업: 사와다 케이스케
슈즈: 야마구치 노리유키 (아트프레스토/EX-사와다 그룹)

BE FACE
「LE GEMELLE」
메이크업: 사와다 케이스케
월 & 플로어: hardpain-mini

Daisy-D
모델 :
「LW DWY DD momoko」
립 페인트: 사와다 케이스케

아마노모리 히코로(작은곰자리)
「어린 앨리스」
모델: 「Today's 1206bl」

Daisy-D
「검은 나라의 앨리스」
회중시계: 니시오리 긴
메이크업: 우란

hardpain-mini (후카타니 토모이치로)
「The Room of hardpain-mini」
아웃핏: Daisy-D
메이크업: 마츠이시 미도리

Daisy-D
「LW DAY YA DD momoko」
월 & 기타: +yuri
미니어처: hardpain-mini

F.L.C.+yuri
「Smoke Gray」

momolita (코모리 모모코)
「모모리나이트 α & β」
모델: 「Mama Told Me」
「Mama Told Me 이세탄 ver.」

hardpain-mini (후카타니 토모이치로)
「hardpain Tattoo momoko 4th」

hardpain-mini (후카타니 토모이치로)
「Daisy Pain Tattoo momoko 3rd X momoko ver. 03ANsp」
댑남: Daisy-D
모델: 「ver. 03ANsp」

SILVER BUTTERFLY
미츠바치 @BabyBee
「종달새」

allnurds
「Thunder Bolt」
아이웨어: 칠성 엔지니어링
헤어 & 메이크업: Ree

milli
(F. L. C., QP, 마츠이시 미도리)
「1 milli momoko DOLL」
목걸이: gecko*

아웃핏: F. L. C.
메이크업 : 마츠이시 미도리

아웃핏: F. L. C.
「Reality Clothes 9」
메이크업: 마츠이시 미도리

아웃핏: F. L. C.
모델: 「Reality Clothes 9」
메이크업: +yuri

milli
(F. L. C., QP, 마츠이시 미도리)
Outfit:F.L.C.
Model:
「3 milli momoko DOLL」

A line
좌/모델: 「ae 〈A line〉 환영의 사계-봄-아지랑이」
우/모델: 「CCS 05AW」 헤어 커스텀: 마츠이시 미도리

카니호르
메이크업: 마츠이시 미도리

Galum 「Sleep」
메이크업: 마츠이시 미도리

QP
「Black cherry」「트위드 재킷」
좌/메이크업: K. S.
우/모델: 「ae 〈QP〉 reroot」

F. L. C.「Miniature KID BLUE」
우/메이크업: +yuri 「apple green」
좌/모델: 「Today's 1206bk」
봉제인형: Petit Pretty, Little Creatures, BE FACE
침대: hardpain-mini 월 & 플로어: F. L. C.

F. L. C.
메이크업: 마츠이시 미도리
액세서리: gecko*

momoko당 작가데이 momoko
좌/아웃핏: F. L. C.
가방: 토키노리 마사미
모델: 「ver. 03AWyl」

우/아웃핏 & 가방: 토키노리 마사미
가방 일러스트: 토키노리 요코
모델: 「ver. 02SP reroot」

아무아무후와와
「ae 〈amamfwawa〉
~FURISODE~」
아웃핏: QP

F. L. C.
좌/메이크업: K. S.
중/메이크업: +yuri 아이웨어: 칠성 엔지니어링
우/의자: F. L. C. 모델: 「ver. 02KF reroot」

「momoko ver. NCc」
모델: 2003년 가을, 전
색칠 콩쿠르(동경) 상품
아웃핏: Noix de Rome

카니호르
「컬러풀 포레스트」
메이크업: 타츠다/nico

마나베 나미에
「하얀 버섯」
메이크업: 사와다 케이스케
버섯: 사와다 그룹

POSITRON
「POYAN」
아웃핏: 토키노리 마사미
부츠: +yuri

모델:
「five colors momoko White」
메이크업: 토키노리 요코
아웃핏: Daisy-D 풀: ARET

CoolDolls
「프렌치 메이드」
메이크업: 사와다 케이스케
네일 & 핸드 커스텀: 사와다 그룹

Korisu Factory
「빨간 구두」
메이크업: 우란
비네트: chic ☆ rin

비취
「2008 S/S "Constellations"」
아웃핏: F. L. C.
메이크업: 마츠이시 미도리

HARCOZA
「HARCOZA momoko」
아웃핏: F. L. C.
메이크업: 토키노리 요코

momoko
COLLABORATION

Cross Over

야마다 니야, momoko DOLL

momoko는 탄생 이후 음악, 패션, 만화 등 다양한 장르 아티스트와 크로스 오버를 시도했다. 2015년 11월 만화가 카미조 아츠시의 「To-y」 데뷔 20주년 기념 「LIVE」 전에 「momoko DOLL as 야마다 니야」가 등장했다. momoko DOLL 매니저(이하MM)가 카미조 아츠시 씨를 인터뷰해서 크로스 오버 제작에 관한 비화에 대해 들어보았다.

메이크업 & 포토: 모미지   아웃핏: 스즈키 아카네

MM 카미조 씨는 예전에 「smart」(타카라지마 사) 기획에서 뵌 적 있고, 2015년 9월 에구치 히사시 씨의 전시회 「KING OF POP」에서도 뵀어요. 그때 설치된 히바리 군 돌을 보고 "momoko DOLL 좋군"이라고 하셨어요. 그 말씀을 잊지 않고 돌 제작을 허락받았죠.

카미조 그래요. 하지만 처음 「smart」 때엔 이어지지 않았죠.

MM 바로 LINE의 마나베 씨(momoko 프로듀서 마나베 나미에)에게 연락했죠. "「토이」 만화를 아세요?"라고요. 제가 꼭 하고 싶어 한 것에 마나베 씨가 반대한 적은 한 번도 없었지만요.

카미조 역시 대단하세요. (웃음) momoko의 얼굴이 맘에 들어서 평상시 momoko 얼굴로 부탁했죠. 만화에 돌을 맞추기보다 니야를 momoko에 맞춰야 한다고 생각했어요. 여러모로 연구하다 보니, 모모코는 기성품이라도 아이라인이나 눈 위치가 조금씩 달라서 다양하다는 것을 알게 되었어요. 헤드 원형은 다 같죠?

MM 네, 헤드는 같아요. 페이스는 쿨 페이스와 허니 페이스 2종류고요.

카미조 니야처럼 전시용 작품을 커스텀 할 때도 메이크업 아티스트나 의상 담당이 있다는 사실에 놀랐어요. 오랫동안 사랑받는 이유를 알겠더라고요.

MM 제대로 만들지 않으면 카미조 씨께도 실례가 되니까요. 물론 고객께도요. momoko는 항상 고 퀄리티라는 말을 들을 수 있어야 해요. 늘 그렇게 해왔기 때문에 지금까지 올 수 있었다고 생각해요. 게다가 저도 「To-y」 만화와 니야를 무척 좋아하니까 더욱 그런 마음이 들었어요. 그런데 카미조 씨 팬들의 반응이 궁금하네요.

카미조 호평이었어요. 아, 한마디 듣긴 했어요. 니야를 잘 표현했고 귀엽긴 한데 가슴 크기가 좀… 니야는 탱크톱이라서 더 섹시하게 보이니까요. 다른 의미로 남성 팬들의 반응이 좋긴 했어요. (웃음)

MM 히바리 군 돈 때와 같은 포인트네요 (웃음)

카미조 히바리 군은 근본적인 문제죠. (웃음) momoko는 여러 만화가와 콜라보 작업을 했죠?

MM 네. 전시용으로는 에구치 히사시 씨, 야마다 나이토 씨와 함께했고요. 양산품은 CLAMP 씨, 메르헨 메이커 씨, 나가노 마모루 씨 등 많은 분과 함께했죠.

카미조 콜라보는 어떤 기준으로 선택하나요?

MM 작가님께서 직접 연락을 주시거나 저희 쪽에서 연락을 드리거나 상황에 따라 달라요. 저희 쪽에서 연락드리는 경우는 기본적으로 저희 스태프가 좋아한 경우죠. 그리고 마나베 씨 방침도 있어요. 우리 장르에 구애받지 않는 걸 좋아해요. 메이저와 마이너를 나누지도 않죠.

카미조 15년 동안 momoko 팬들도 많이 바뀌었죠?

MM 네, 매년 졸업하는 분이 계시죠. 오랜 시간이 지나다 보니 다양한 이유로 그만두는 분이 계세요. 하지만 매년 새로 들어오는 분도 계시죠. 15년 동안 이어질 수 있었던 건, momoko를 지지해준 여러분 덕분이에요.

카미조 momoko 팬은 대부분 여성이죠? 뮤지션 같은 경우도 그렇지만 동성에게 인기가 있으면 오래 사랑받는 것 같아요.

MM 네, 물론 남성 팬도 있지만 이벤트에 오시는 분들은 압도적으로 여성이 많아요.

카미조 완성된 니야 momoko가 마음에 들어서, 저는 거의 수정하지 않았어요. (웃음)

MM 맞아요. 굳이 하나 꼽자면 청바지였네요. 올 풀림 정도라던가 디테일을 중시하셨어요.

카미조 청바지 라인도요. (웃음) 이번에 니아(니야의 고양이) momoko도 만들어주셨는데, 이전에도 동물을 만든 적이 있나요?

MM 양산품에서는 있었어요. 하지만 동물로 전시용 작품을 받는 건 처음이었어요.

카미조 더 놀랐던 것은 니아를 테디베어 같은 인형으로 만들었다는 거예요. 만약 니아만 리얼하게 만들면 이상했을 뻔했는데 다행히 세계관을 돌로 통일해주셨죠.

MM 당연한 얘기지만 돌을 카미조 씨가 그린 대로 똑같이 만들 수는 없어요. 조금은 새로 해석해야 할 부분이 있기 마련이죠. 이번엔 테디베어 같은 느낌이 돌과 조화를 이룰 기라 생각했어요. 그런 느낌을 잘 살리기 위해 인형옷 작가로 활약 중인 A line의 스즈키 아카네 씨에게 부탁했어요.

카미조 겨우 두 달간의 작업인데 그런 부분까지 철저하고 섬세하게 신경 써주셨네요. 메이크업과 의상을 맡아주신 분들께도 감사의 말씀을 드립니다.

MM 저희야말로 고맙습니다. momoko는 15년이지만 30째인 「To-y」 씨와 비교하면 아직 햇병아리죠. 이번 기획 정말 감사드려요. 또 함께하고 싶습니다.

카미조 아츠시
「To-y 30th Anniversary Edition」
전 5권 각 ¥1,944
(쇼각칸 크리에이티브)

「To-y」 데뷔 30주년 기념 영구 소장판. 각 권 커버 신규 일러스트. 작가는 물론 엽재 당시의 컬러를 처음으로 재현 각 씬 일러스트 리파인...

Cross Over

나카무라 리사, momoko DOLL

CCS 15AN momoko를 바라보면서 Holly 씨는 "이 momoko는 나카무라 리사 씨와 닮았어"라고 중얼거렸다. 그것을 계기로 시작된 나카무라 리사의 momoko DOLL 기획. 투명한 피부와 커다란 눈망울, 가느다란 팔다리, 그리고 특유의 무표정 덕분에 현실 인형이라 불리는 리사 씨는 브라이스 등 인형 마니아로 유명하다. 지인인 오다니 미유키 씨와 콜라보한다는 이야기를 듣고 리사의 눈이 빛났다.

메이크업 & 포토 : 모미지   아웃핏 : 오다니 미유키, 히구치 마사요

—— 리사 씨는 momoko DOLL을 아시나요?

리사 가지고 있진 않지만 본 적은 있어요. 처음 메일을 받기 전까지는 잘 몰랐는데, 메일로 받은 사진(15AN momoko)을 보고 저와 너무 닮아서 깜짝 놀랐어요. 사실 브라이스에 익숙해서인지 무척 날씬하게 느껴졌지만 스타일이 좋았어요. 게다가 얼굴도 진짜 작았고요.

오다니 momoko는 메이크업에 따라 다양한 얼굴과 표정이 나오는 게 재미있어요. 저는 브라이스나 22cm 인형의 옷을 주로 만드는데, 오랜만에 momoko 옷을 만들어보니 무척 날씬하면서 화려해서 놀랐어요. 그리고 관절이 움직이는 부분도 새로워서 다양한 포즈를 만들며 놀았어요. (웃음)

리사 신발도 작고 귀여웠어요. 옷도 너무 잘 만드셨는데요.

오다니 momoko 신발이 귀여워서, 저는 브라이스나 리카에게 신기기도 해요.

—— 리사 씨를 모델로 한 momoko를 만든다는 데 거부감은 없었나요?

리사 어떻게 나올지 몰라서 불안했지만 오다니 씨라면 분명 귀여울 거라고 생각했어요.

오다니 momoko는 일반 상품용 옷이든 작가가 만드는 옷이든 현실감을 추구해요. 다른 인형옷과는 달리 봉제나 니사인도 니테일하죠. 그래서 심허를 망설였어요. 그

런데 현실 옷이란 이미지로 인해 오히려 10~20대 여자아이가 입을 법한 인형 같은 스타일이 별로 없었어요. 바로 그 부분을 겨냥했죠. 인형 같은 리사 씨, 인형 같은 momoko예요!

—— 메이크업을 담당한 모미지 씨도 리사 씨의 팬이라죠?

모미지 이번 기획에 대해 듣고 리사 씨의 스타일 북 「RISADOLL」을 다시 꺼냈어요. 소장하고 있었거든요. 마음이 좀 앞섰죠. (웃음) 좋아하는 리사 씨와 좋아하는 momoko의 콜라보라는 말에 마치 꿈을 꾸는 것 같았어요. 허니 페이스 momoko와 비율이 비슷해서 위화감 없이 메이크업할 수 있었죠.

오다니 원래 닮았는데 메이크업을 하니 정말 똑같아요! 작은 리사 씨 같아요!!

리사 어쩐지 기분이 이상하네요.

모미지 사진을 수없이 보면서 기본 메이크업을 토대로 컬러로 리사 씨를 표현했어요. 앞머리 사이드 뱅과 눈 아래에 가로로 넣은 핑크색 블러셔가 포인트예요.

오다니 이 앞머리 정말 멋져요! 헤어 컬러는 「RISADOLL」 때의 리사 씨와 똑같아요.

모미지 리사 씨 앞머리와 똑같이 하려고 보니, 그 정도 길이와 컬러의 헤어 제품이 없었어요. 그래서 헤어 전체를 니사 식니냈어요.

리사 정말 대단하세요.

오다니 이 momoko 정말 갖고 싶네요~~~!

나카무라 리사
FIRST STYLE BOOK
「RISADOLL」

¥1,512 (토쿠마 서점)

셀프 메이크업 최초 부모 인터뷰 등 수록.

12 momoko | 2013 |

2013년 8월, momoko 탄생 12주년을 기념해 애니버서리 이벤트를 개최했다. 열두 달을 테마로 인형 작가 12명이 각 1점씩 특별 제작 momoko를 만들었다. 아존 라벨 샵 아키하바라 외에 오사카, 쇼난, 나고야에서 순회 전시를 한 다음, 모든 작품은 momoko 팬들에게 선물했다.

참가 아티스트: F. L. C. (1월) / peu connu (2월) / Special toy box (3월) / LTS (4월) / 카니호르 (5월) / allnurds (6월) / QP (7월) / 작은곰자리(8월) / A line (9월) / Galum (10월) / salon de monbon (11월) / air*skip (12월)

momoko7 | 2008

2008년 8월에는 momoko 탄생 7주년을 기념한 애니버서리 이벤트 「momoko7− over the rainbow−」가 개최되어, 세키구치 1층 특설 회장을 momoko 컬러로 물들였다. '무지개'를 테마로 인기 작가들이 만든 특별 제작 momoko는 방문객에게 선물로 증정됐다.

····★charm_bus★···· F.L.C. 카니호르 QP

작은곰자리 Korisu Factory salon de monbon

allnurds Daisy−D Be Free*

HISTORY

2001년 탄생 이후, momoko는 영화, 패션, 음악, 샵 등 다양한 장르와 콜라보해서 작품을 발표했다. 특별 제작된 이벤트 전시용과 상품으로 제작된 momoko의 발자취를 따라가 보자.

2002 「FINAL HOME」

♨ 재해 등으로 집을 잃었을 때, 마지막으로 자신을 지키는 옷이 콘셉트인 「FINAL HOME」과 콜라보했다(P.66). 소품도 1/6 사이즈로 정교하게 만들었다.

2003 「1980」

♨ 케라리노 산드로비치 감독의 영화 「1980」 극장 팸플릿에 실린 세 자매가 모델이다.

2003~ 「OpenSky」

♨ 하치야 카즈히코가 만든 '실제로 날 수 있는' 메베(바람의 계곡 나우시카에 등장-역주)를 만드는 프로젝트 「OpenSky」의 파일럿 복장을 하고 있다.

2003 「오후네 chan」

♨ 몬치치와 마메 모모코로도 만들어졌던 일본 인기 여자 프로레슬러 '오후네 chan'이 모델이다. 'KAIENTAI-DOJO' 링에서 촬영했다.

2006 「GAINAX Girls」

♨ 「톱을 노려라! 2」 「신세기 에반게리온」 「신비한 바다의 나디아」의 주인공인 노노, 아야나미 레이, 나디아가 등장했다(각 ¥16,000).

2008 「SCANDAL」

♨ 걸즈 밴드 「SCANDAL」이 모델이다. 데뷔 싱글 「DOLL」의 뮤직비디오에도 출연했다.

2013 「five colors momoko」

♨ 1/6 Vitra Chair 등을 판매하는 인테리어샵 「hh style.com 아오야마 점」에서 panton chair에 어울리는 5색 momoko를 제작했다.

2014 「GAINAX Girls」

♨ GAINAX Girls 제2탄으로 「천원 돌파 그렌라간」의 요코와 니아가 만들어져서 화제를 불러일으켰다(각 ¥13,800).

2016 「아차추무」

♨ ae momoko를 발매하기도 한 패션 브랜드 「아차추무」와 콜라보했다. 인형이 들고 있는 가방은 열쇠고리로도 사용할 수 있다.

2007「타카시마야 STYLE & EDIT」

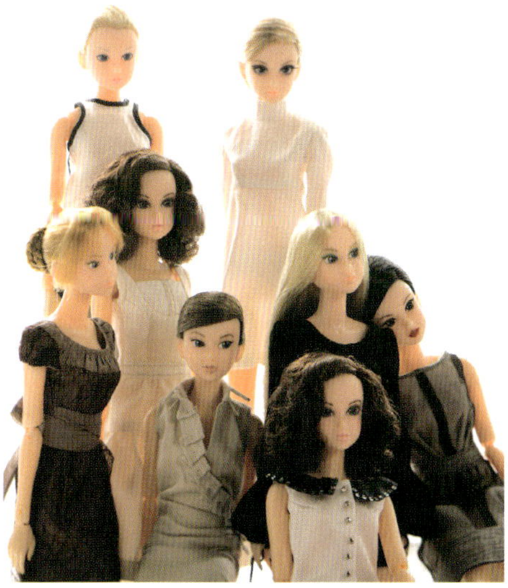

2007년 4월~5월에 타카시마야 신주쿠 점 4층「STYLE & EDIT」에서 패션 이벤트를 개최했다. 모던하면서 스타일리시한 패션 브랜드의 춘하 컬렉션을 1/6 사이즈로 전시, 판매했다.

2007「타카시마야 뉴크리에이터즈」

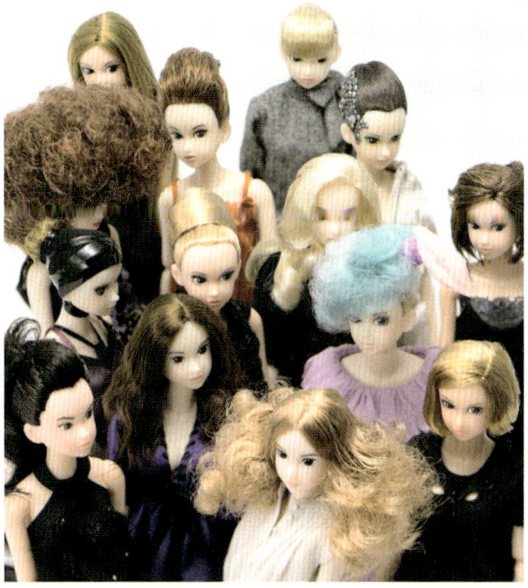

같은 해 12월에 타카시마야 신주쿠 점에서「Twinkle Spring Collection by momoko DOLL」전을 개최했다. 신예 크리에이터 브랜드의 신작 컬렉션 14점으로 화제를 모았다.

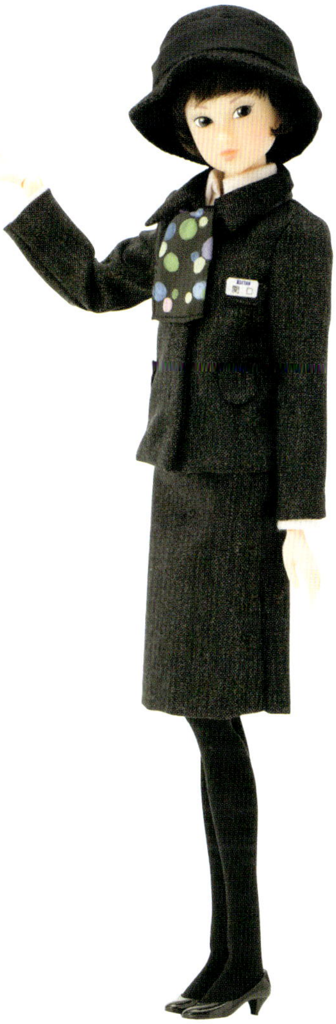

2006「신주쿠 이세탄」

이세탄 신주쿠 점「CC 신데렐라 시티」에서「momoko DOLL meets Shinjyuku Isetan」전을 개최했다. 인기 브랜드의 1/6 컬렉션 외에도 안내 데스크 제복을 입은 momoko가 등장했다.

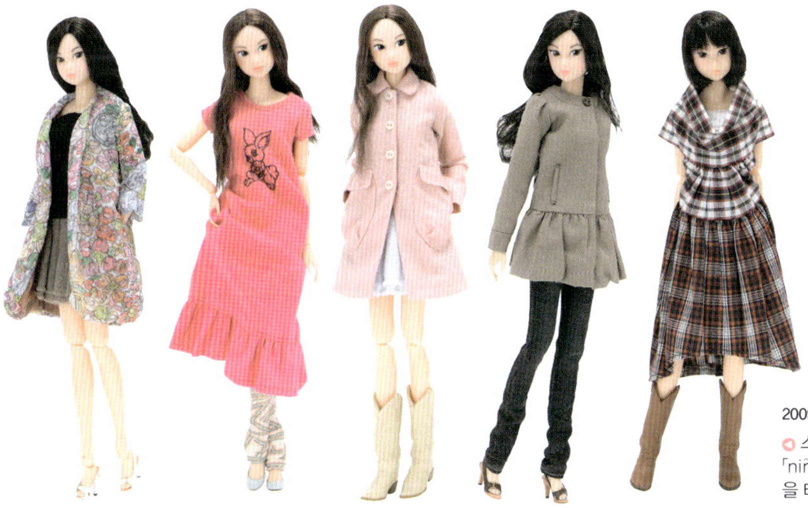

2009「niñita」

스타일리스트 니시와키 토모요 씨가 이끄는 패션 브랜드「niñita」와의 합동 이벤트「niñita와 momoko DOLL」전을 타카시마야 신주쿠에서 개최했다.

BEAUTY SPORTS | 뷰티 스포츠 2015-2016

가볍게 즐기면서 아름다움도 얻는 신감각 스포츠 방송, NHK BS-1 채널「뷰티 스포츠! 스포츠로 아름답게」에서「스포츠 뷰티」로 등장.

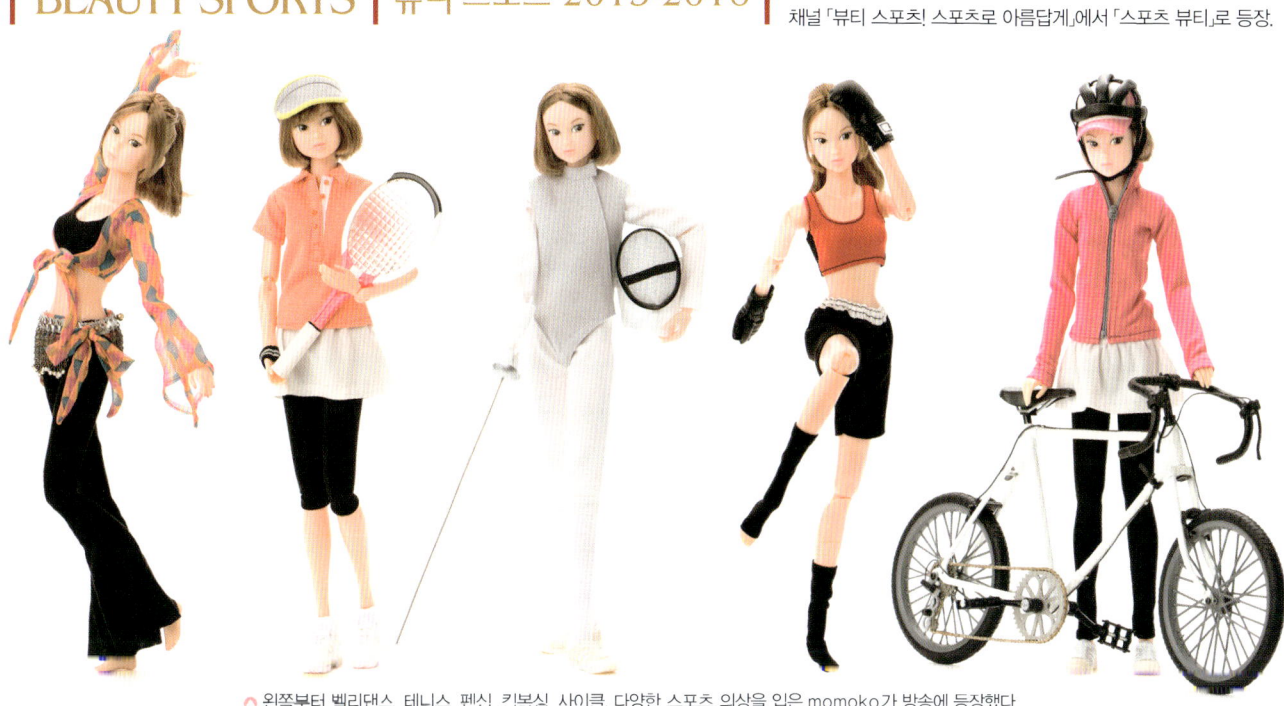

왼쪽부터 벨리댄스, 테니스, 펜싱, 킥복싱, 사이클. 다양한 스포츠 의상을 입은 momoko가 방송에 등장했다.

KID BLUE | 2009-2012

아웃팟: 세키구치 타에코(F. L. C.) 사진: 요네쿠라 유우키, 모미지

2009년 10월, 시부야 파르코 PART1 로고스 갤러리에서 「Miniature Lingerie Apartments by momoko DOLL」 전이 열렸다. KID BLUE의 첫 의상은 세키구치 타에코(F. L. C.)가 1/6로 제작, 전시했다. 그 후 KID BLUE 오모테산도 점 외에 콜라보레이션 2탄, 3탄도 개최. 희귀한 한정 기프트 박스와 KID BLUE momoko DOLL이 상품화 되었다.

Special
momoko DOLL
as AKB48
2012

교토조형예술대학에서 펫웍스 전시회 「PetWORKs의
사업과 전망 – 중2로 살아가는 기술–」이 개최되었다.
AKB48 프로듀서인 아키모토 야스시 씨가
이 대학 부회장을 지냈던 인연으로 이루어졌다.
AKB48 미술부 전시회와 오피셜 샵 등을 순회했다.
사진: 요네쿠라 유우키

윗줄 왼쪽부터 momoko DOLL as 시노다 마리코, 오오시마 유코, 타카하시 미나미, 이타노 토모미, 아랫줄 왼쪽부터 와타나베 마유, 마에다 아츠코, 코지마 하루나.

AKB 48

P42 / 1열 왼쪽부터 momoko DOLL as 카사이 토모미, 코모리 미카, 마스다 유카, 코바야시 카나, 2열 우메다 아야카, 니토 모에노, 마츠이 사키코, 나카가와 하루카, 쿠라모치 아스카, 3열 와타나베 마유, 마에다 아츠코, 시노다 마리코, 오오시마 유코, 코지마 하루나, 4열 타카죠 아키, 미야자와 사에, 아키모토 사야카, 오오야 시즈카, 이시다 하루카, 5열 나카츠카 토모미, 노나카 미사토, 타나베 미쿠, 카타야마 하루카

P.43 / 1열 왼쪽부터 momoko DOLL as 사토 아미나, 유코야마 유이 미네기시 미나미, 이타노 토모미, 2열 오오타 아이카, 후지에 레이나, 키쿠치 아야카, 키타하라 리에, 카시와기 유키, 3열 다카히시 미나미, 시시히라 리노, 소죠키 시즈키, 미야자키 미호, 사토 스미레 4열 사토 나츠키, 스즈키 마리야, 치카노 리나, 우치다 마유미, 마츠바라 나츠미, 5열 나카타 치사토, 나카야 사야카, 이와사 미사키, 마에다 아미

momoko DOLL
Tiny Superstar!

아웃핏: 카니호르
사진: 요네쿠라 유우키

지금까지 정교함을 극대화해서 다른 인형과는 전혀 다른 다양한 콜라보 작업을 선보였던 momoko 15년의 역사를 하나로 모아서 자세하게 설명했다. momoko가 가진 섬세함과 특별함은 보는 사람을 놀라게 할 정도이다. 향후에도 이어질 적극적인 콜라보 전시가 기대된다(돌리버드 편집부).

🔴 아티스트에게 선물하기 위해 제작된 샘플 돌

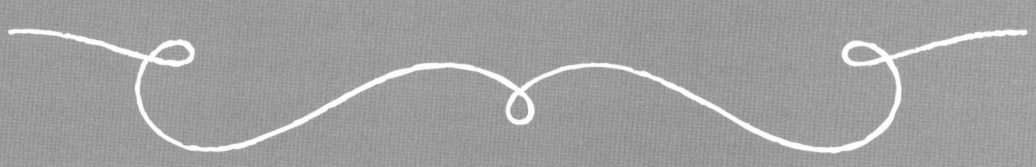

momoko

IDENTIFICATION

슈즈, 보디, 페이스 & 메이크업, 헤어

momoko3 SHOES

돌에 포함된 신발 외에 momokomono와 STOC 등 지금까지 단품 판매된
모든 momoko용 신발을 모양별, 컬러별로 분류했다. 판매 시점에는 컬러명을 기본으로 했으나
일부 변경된 명칭도 추가했다.

컬러 / 최초 판매 연월 / 판매 방법(기재되지 않은 것은 단품 판매), 단품=먼저 단품으로 판매, 세트=돌 세트로 판매

※이후에 단품 판매했거나 재판매한 정보는 기재하지 않음. ※2016년 6월 판매분까지 정리.

Classical Sneakers

Relax Sandals

Classical Sneakers 클래식 스니커즈

A.빨강/'03.8 B.다크레드/'11.9 C.핑크/'03.8 D.스트로베리/'10.8 BIC&IFDC 한정 E.네온핑크/'11.8 「CCS 11SS Ugly Duckling」예약 특전. 「CCS 슈즈 복주머니 2013」 F.라이트핑크/'14.5 G.펌프킨/'10.10 H.노랑/'03.8 I.옐로/'05.12 「CCS 05AW 레드」 J.소다/'10.10 K.다크그린x겨자/'13.5 L.파랑/'03.8 M.라이트블루/'14.5 N.네이비/'05.11 O.네이비블루/'14.5 P.보라/'05.12 「CCS 05AW 카키」「2006 BONUS TRACK 블랙/레드」 set Q.흰색/'03.8 단품 「ver. 03AN」 set R.오프화이트/'05.11 S.화이트/'13.5 T.그레이베이지/'03.8 U.검정/'03.8 「ver. 03ANsp」 set V.블랙/'05.11 W.블랙x퍼플/'13.5 X.블랙/'14.9 「PW ae 〈QP〉 mono」 set

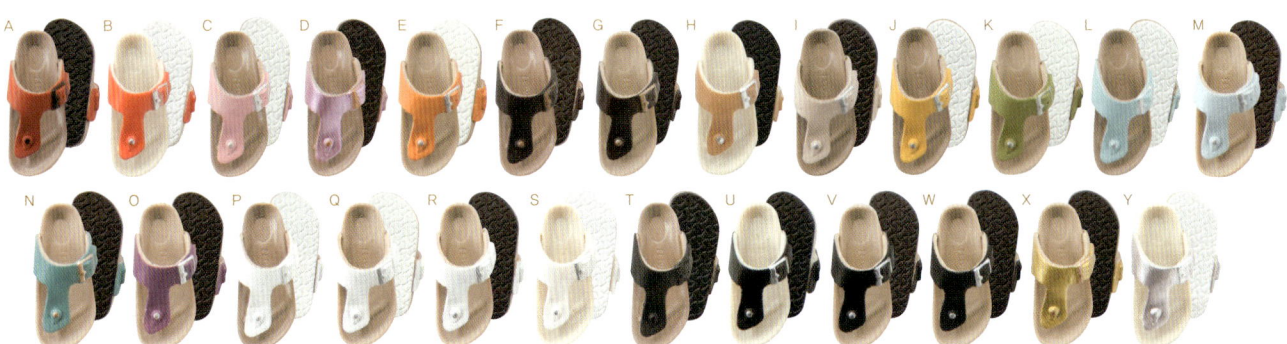

Relax Sandals 릴랙스 샌들

A.빨강/'04.6 「ROBO☆CHRIS momoko」 set B.레드/'15.11 C.핑크/'04.8 momoko당 & 로보크리스 한정 D.메탈핑크/'06.9 E.오렌지/'09.8 F.브라운(진한 밑창)/'06.9 G.브라운/'11.10 H.라이트브라운/'15.11 I.베이지/'04.4 「ver. 04SS cc/mt/DS」set J.노랑/'04.5 momoko 온라인샵 한정 K.그린/'09.8 L.파랑/'04.5 momoko 온라인샵 한정 M.스모키 블루/'09.8 「CCS 09SS 화이트 샌드」 set N.터쿼이즈/'11.10 O.그레이프/'11.10 P.화이트(진한 밑창)/'04.5 Q.화이트/'09.8 R.화이트/'11.10 S.화이트/'15.11 T.검정(진한 밑창)/'04.5 U.블랙/'15.11 V.블랙(갈색 겉창)/'09.8 「CCS 09SS 노블 핑크」 set W.블랙(짙은 갈색 겉창)/'11.10 X.골드/'11.10 Y.라일락실버/'16.3 「CCS 16SP momoko」 set

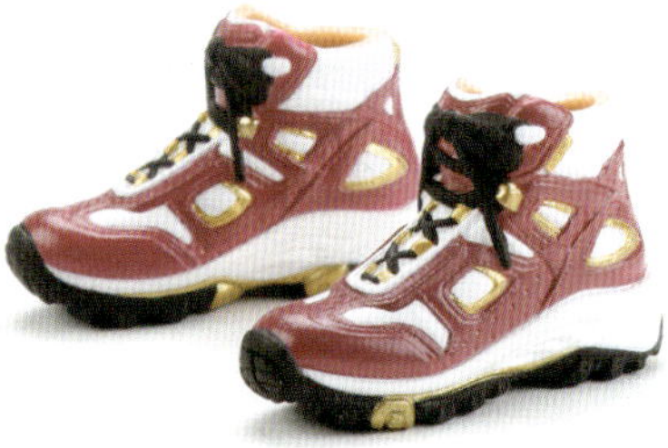

Trekking Sneakers

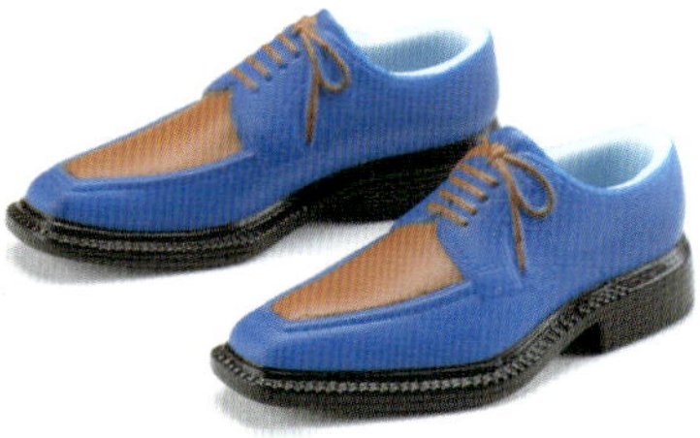

U-Tip Shoes

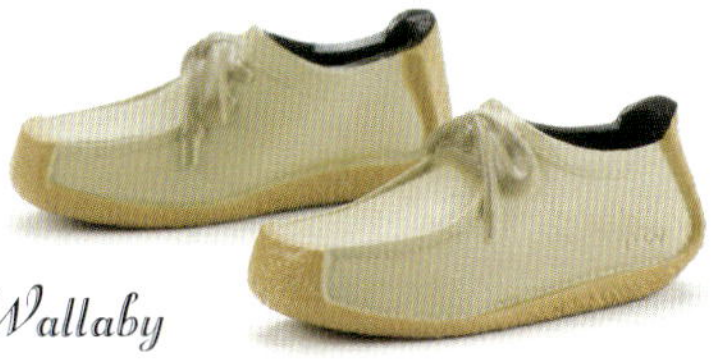

Wallaby

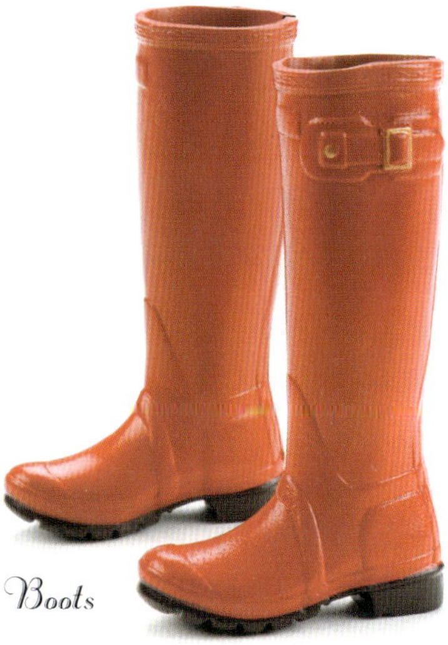

Rubber Boots

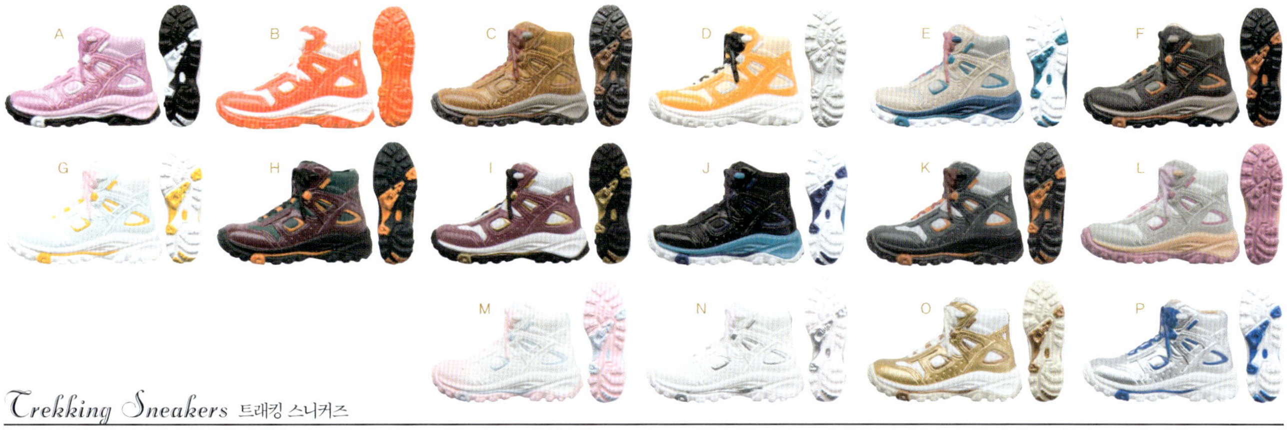

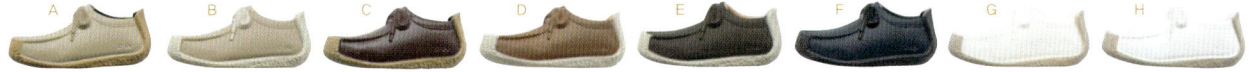

Trekking Sneakers 트래킹 스니커즈

A.메탈 핑크/'10.8 BIC & IFDC 한정 B.화이트x오렌지/'12.8 C.옐로 브라운/'09.11 「CCS 09AW 꽃과 치와와」 set D.머스터드/'14.3 E.베이지x그레이/'12.12 F.카키x브라운/'12.12 G.민트x화이트/'10.10 H.퍼플x그린/'09.12 I.화이트x핑크/'10.12 「CCS 10AW Flowerbed Snow」 set J.블랙/'09.12 K.오렌지x그레이/'09.12 「CCS 09AW 별과 파피용」 set L.그레이x핑크/'12.12 M.화이트x핑크/'12.8 N.화이트/'12.10 「PW ae 모모걸s」 set O.골드x화이트/'09.12 P.실버x블루/'10.10.

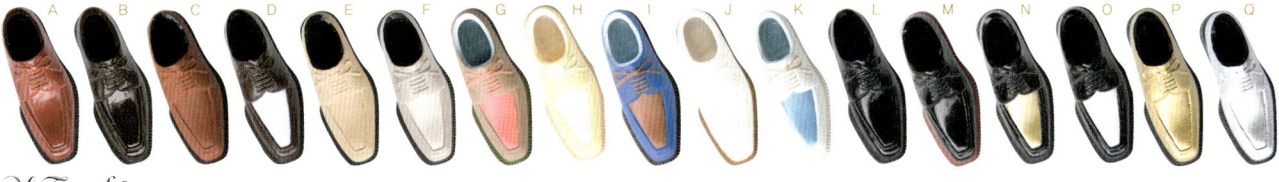

Wallaby 왈라비

A.라이트베이지/'12.8 B.베이지x오프화이트/'13.8 C.브라운/'12.8 D.카멜/'13.8 E.카키/'13.8 F.네이비/'12.8 G.화이트/'11.12 「PW ae DHEX Repro DHEXs/DHEXl」 set H.에나멜화이트/'12.2 「CCS Today's 01AT」 set

U-Tip Shoes U-팁 슈즈

A.빨강/'04.5 momoko 온라인샵 한정 B.갈색/'04.5 C.브라운/'08.1 D.브라운x화이트/'08.12 E.샌드/'08.1 F.베이지/'09.8 「CCS 09SS 화이트 샌드」 set G.베이지x코랄핑크/'12.8 「CCS 12SS DEEP CITRON+black/red/blonde」 set H.파스텔 옐로x화이트/'12.8 「PW ae <allnurds>」 set I.블루x브라운/'12.5 J.흰색/'04.4 「ver. 04SS hl/SSbc」 「04CM」 set K.화이트x블루/'12.5 L.검정(블랙)/'04.5 M.블랙/'09.8 「CCS 09SS 노블 펑크」 set N.블랙x골드/'08.12 O.블랙x화이트/'08.12 P.골드/'04.5 momoko 온라인샵 한정 Q.실버/'04.5 momoko 온라인샵 한정

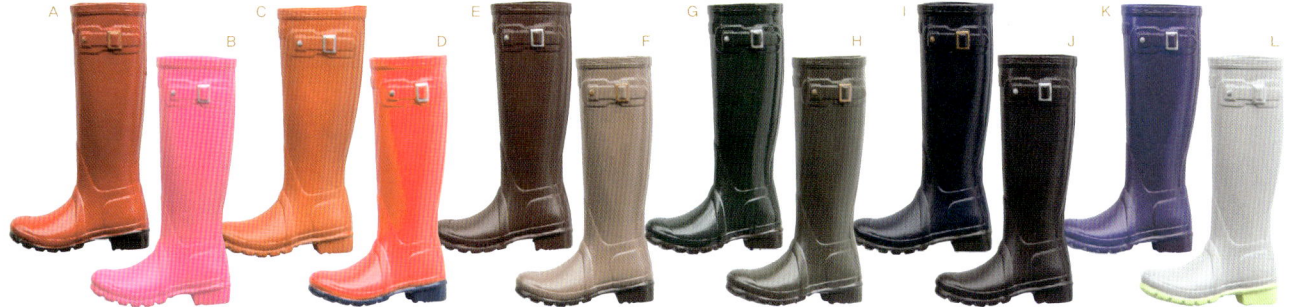

Rubber Boots 러버 부츠

A.레드/'12.11 단품, 「CCS 13NY 깊은 슬픔PS」 set B.푸크시아핑크/'11.4 C.오렌지/'10.12 「CCS 10AW Harvest Moon」 set D.오렌지/'12.5 E.멜롯/'11.4 F.샴페인베이지/'12.11 G.비리디언/'12.5 H.카키/'13.1 「CCS 13NY Home 허영심」 set I.네이비/'12.11 J.퍼플/'10.12 「CCS 10AW Flowerbed Snow」 set K.오베르진/'11.4 L.라이트그레이/'12.5

컬러 / 최초 판매 연월 / 판매 방법(기재되지 않은 것은 단품 판매). 단품=먼저 단품으로 판매. 세트=돌 세트로 판매

momoko

Pumps

Classical Short Boots

Mary Jane Flats

Long Boots

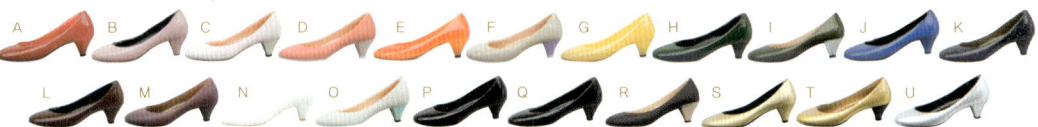

Pumps 펌프스

A.빨강/'03.10 단품, 「ver. 03AW nv」set B.핑크베이지/'08.1 C.파우더 핑크x골드/'13.5 D.코랄x라이트그레이/'12.5 E.오렌지/'03.10 F.베이지x퍼플/'12.5 G.노랑/'03.10 H.그린/'08.1 I.카키x화이트/'12.5 J.파랑/'03.10 K.글리터네이비/'11.4 L.보르도/'03.10 M.보르도x그레이/'11.4 N.흰색/'03.10 단품, 「ver. 03AW yl/DF」「ver. 04NY/ID」「ver. 0401md/mdb」set O.그레이x에메랄드/'13.5 P.블랙(검은 겉창)/'03.10 Q.블랙(다크핑크 겉창)/'08.1 R.블랙x베이지/'13.5 S.골드/'05.11 T.골드x블랙/'11.4 U.실버/'08.1 「CCS 2008 BONUS TRACK」「Today's 1003」set

Mary Jane Flats 클래식 스트랩 슈즈

A.다크브라운/'15.8 「CCS 슈즈 복주머니2015」 B.에나멜블랙/'16.5 C.실버/'16.5

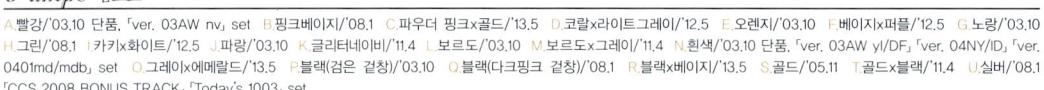

Long Boots 사이드 벨트 부츠

A.레드/'10.10 B.베이지x오렌지/'12.5 C.캔버스x다크브라운/'10.10 D.캔버스/'12.4 「CCS 12SS Home 서리가 내린 아침」set E.그레이지/'09.11 「CCS 09AW 꽃과 치와와」set F.베이지x브라운 그러데이션/'12.12 G.카멜x브라운/'09.12 단품, 「momoko DOLL hhstyle.com GIFT SET」set H.카키x브라운/'09.12 I.브라운/'12.5 J.네이비x브라운/'12.12 K.보르도/'09.12 「CCS 09AW 별과 파피용」set L.화이트x베이지/'10.8 BIC & IFDC 한정 M.에나멜블랙/'09.12 N.블랙/'12.12

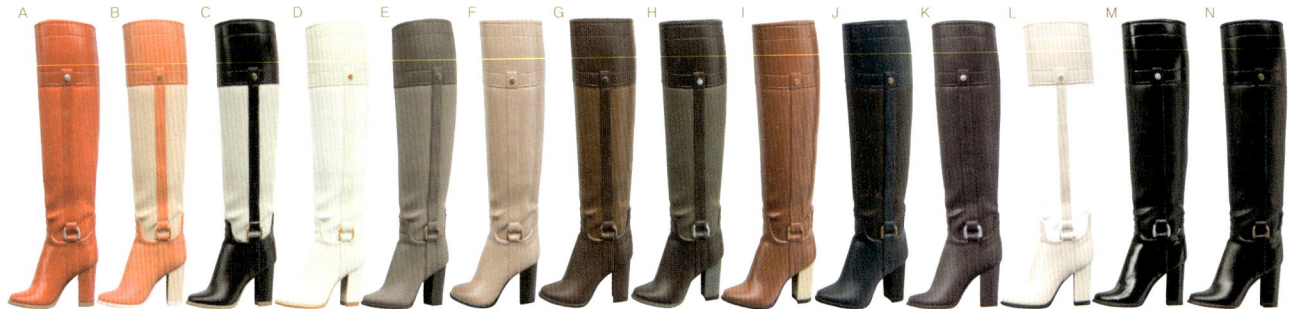

Classical Short Boots 쇼트 부티

A.핑크x레드/'08.1 B.베이지x블랙/'11.9 C.베이지/'12.8 D.베이지x핑크베이지/'13.8 「CCS 13AN Home Mauve Maiden」set E.베이지x라이트카키/'13.8 단품, 「CCS 13AN Home LAMM」set F.브라운/'08.1 G.브라운x라이트블루/'08.7 H.다크브라운x골드/'10.6 「CCS 10SS Morning Haze」set I.브라운x초콜릿/'11.9 J.브라운x블랙/'11.12 「PW ae 〈QP〉」set K.다크브라운 그러데이션/'13.8 L.카멜 그러데이션/'12.9 M.카멜/'16.1 N.옐로x브라운/'08.7 O.카키 그러데이션/'14.11 P.블루x오렌지/'08.1 Q.네이비/'11.8 「CCS 11SS Princess on the Pea」PW 스토어 예약 특전, 「CCS 슈즈 복주머니 2013」set R.퍼플/'08.1 S.퍼플x베이지/'10.10 T.오키드 퍼플x피코크그린/'11.7 「CCS 11SS Home 캐러멜 모란」set U.와인레드x다크브라운/'14.11 「CCS 14AW momoko PS」set V.화이트x그린/'08.7 단품, 「Today's 1004」set W.화이트x베이지/'08.7 X.화이트x샴페인골드/'10.6 「CCS 10SS Rainy Sky」set Y.화이트x블랙/'10.10 Z.화이트x피코크그린/'11.7 「CCS 11SS Home 검은 딸기」set a.화이트x블랙/'11.7 「CCS 11SS Home 밤의 공작」set b.화이트/'12.10 「PW ae 모모걸」set c.오프화이트 그러데이션/'12.9 d.그레이x실버/'07.12 「CCS 07AW 스톡킹 글로스/딥 플럼」set e.다크그레이/'12.8 f.웜그레이x블랙/'15.11 g.블랙x골드/'08.1 h.블랙/'10.10 i.에나멜블랙/'13.8 j.블랙x골드/'14.11 k.블랙x블루 그러데이션/'15.6 「PW ae 〈SILVER BUTTERFLY〉 Life Still Life」set l.블랙x브라운/'15.8 「CCS 15AN momoko」set m.블랙x화이트 겉창/'16.1 n.실버x핑크/'08. 6 「CCS 08SS Tin Girl」set

Wallaby (LW)

Mules (PW)

Sneakers (PW)

10 Hole Boots (PW)

Mary Jane Shoes (PW)

Brothel Creepers (PW)

Wallaby (LW) 왈라비(LW)

A.흰색/'01.8 단품, 「ver. DHEX」「ver. SF22」「ver. 02HM」 set B.검정/'01.8 단품, 「ver. 02SPbk」 set C.빨강/'01.8 단품, 「ver. 02SPpk」 set D.갈색/'01.8 단품, 「ver. 02SPbr」 set E.핑크/'02.8 단품, 「ver. 02SMpk」 set F.노랑/'02.8 단품, 「ver. 02SMyl」 set G.샌드베이지/'02.8 단품, 「ver. 02CD」 set

Sneakers (PW) 스니커즈(PW)

A.흰색/'01.8 단품, 「ver. DHEX」 set B.검정/'01.8 단품, 「ver. DHEX」「FINAL HOME momoko」 set C.빨강/'01.8 단품, 「ver. 02SPrd」 set D.갈색/'01.8 단품, 「ver. 02SPgr」 set E.흰색x오렌지/'02.12 F.흰색x검정/'02.12

10 Hole Boots (PW) 10홀 부츠(PW)

A.흰색/'01.8 단품, 「ver. DHEX」「ver. 01AT」「ver. 02HM」 set B.검정/'01.8 단품, 「ver. DHEX」 set C.빨강/'01.8 단품, 「ver. DHEX」「ver. 01XP」 set D.갈색/'01.8 단품, 「ver. DHEX」「ver. SF22 (연말 선물판)」 set E.흰색x검정끈/'01.12 단품, 「ver. 02HM」 set F.검정x검정끈/'01.12 단품, 「카토키 하지메 디자인 츠나기」 set G.빨강x검정끈/'01.12 H.갈색x검정끈/'01.12 I.자주/'02.8 단품, 「ver. 02DD」 set

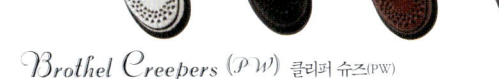

Mary Jane Shoes (PW) 스트랩 슈즈(PW)

A.흰색/'01.8 단품, 「ver. 01AT」 set B.검정/'01.8 C.빨강/'01.8 단품, 「ver. 02CMo」 set D.갈색/'01.8 단품, 「ver 02CMg」 set E.오렌지/'02.8 단품, 「ver. 02KF」 set

Brothel Creepers (PW) 클리퍼 슈즈(PW)

A.흰색/'04.8 단품, 「ver. 04AN」 set B.검정/'04.8 C.빨강/'04.8 D.핑크/'04.8

Mules (PW) 뮬(PW)

A.검정x보르도/'03.3 단품, 「ver. 03RD/SS」 set B.핑크/'04.7 「Jelly Beans Generation momoko」 set C.블루/'04.7 「S. C. Ramble momoko」 set

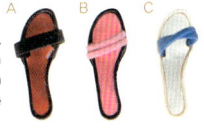

Lace Up Sandals (PW) 레이스업 샌들(PW)

A.흰색/'03.6 B.검정/'03.6

Thong Sandals 통 샌들

골드/'03.8 「통 샌들& 벨트」

Holly COLUMN

「신발과 발목을 잘 관리하려면」

디자인을 중시한 momoko용 슈즈는 발에 딱 맞게 만들어지기 때문에 착용 시 주의가 필요하다. PVC 소재는 따뜻할 때 유연성이 높아지므로 발이 부드럽게 들어간다. 신길 때와 벗길 때 드라이어 온풍을 30초 정도 쐬어주는 게이 좋다.

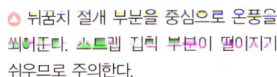

수지 소재가 두꺼워 착용하기 어려울 때는 입구의 안쪽을 아트 나이프 등으로 도려내면 된다.

🌸 뒤꿈치 절개 부분을 중심으로 온풍을 쐬어준다. 스트랩 집힉 부분이 떨어지기 쉬우므로 주의한다.

🌸 신발을 벗길 때도 온풍을 쐬어준다. 인형 발목을 심하게 하기 쉬운 뭔부초 뒤꿈치 부분도 잊지 말자.

🌸 한 번에 너무 많이 도려내지 않도록 주의한다. 조심씨 조금씩 도려내야 한다.

Sneakers

High-Top Sneakers

T-Strap Shoes

Loafers

Slip-On Shoes

Engineer Boots

Slip-On Shoes 슬립온

A.레오파드/'16.8 「All About momoko DOLL 한정판」 B.블랙/'16.3 「네가 떠난 홈」 set

Loafers 로퍼

검정/'09.4 「momoko DOLL scandal 버전」 set

Sneakers 스니커즈

A.오프화이트x검정/'05.4 「오후는 휴강」「수업 끝, 서둘러!」 set B.흰색(오프화이트x녹색)/'05.4 「아이돌 momoko DOLL」 set, 「Idol 전」 & 로보크리스 한정 C.오프화이트x골드/'05.8 「Everyday B-Girl」 set D.무착색/'06.8 「momoko DOLL as GAINAX Girls 001 아야나미 레이」 set E.오프화이트x오렌지/'07.11 「Wake-Up 패션 세트 WUF001」 set F.오프화이트x옐로/'09.6 「프레피 걸/프레피 걸 CACAO Ver.」 set G.화이트x무착색/'13.11 「CCS 13AW Red Leaf」 set, 「슈즈 12점 세트 Happy Box」 H.화이트/'15.12 「CCS 15AW momoko」 set I.그레이/'10.2 「초봄의 마리나/초봄의 마리나 Bitter Brown Ver.」 set J.검정x핑크/'07.12 K.레드브라운/'16.1 L.핑크/'05.4 「Idol 전」 & 로보크리스 한정 M.그린x화이트/'06.4 「갑자기 쉬는 시간」 set N.모스 그린/'07.12 O.바이올렛/'10.7 「Ethnic Flower/Ethnic Flower Suntan Ver.」 set

High-Top Sneakers 하이탑 스니커즈

A.레드/'05.12 B.베이비핑크/'05.12 C.핑크/'13.1 D.블루/'13.1 E.화이트/'14.8 「CCS 14AN momoko GR」 set F.오프화이트/'06.2 「GO FOR VICTORY!!!」 set G.오프화이트/'11.9 「바다와 태양」 set H.오프화이트/'12.12 「북풍과 비올라」 set I.그레이/'05.12 J.블랙/'06.3 「심야의 횡단보도」 set K.블랙/'06.4 「심야의 횡단보도 RED Ver.」 set L.무광블랙/'08.11 「Lazy Seventeen」 set M.블랙/'12.3 「Too Much Too Young/Too Much Too Young Black Ver.」 set

T-Strap Shoes T-스트랩 슈즈

A.유광화이트/'15.8 B.반광택 화이트/'15.11 「소프트 핫 밀크」 set C.유광 블랙/'15.8 D.반광택 블랙/'12.6 E.베이지/'12.6 F.라이트브라운/'10.8 「나무 아래 비치는 햇살과 스킵」 set G.다크브라운/'10.8 「나무 아래 비치는 햇살과 스킵 Beige Ver.」 set H.브라운/'12.6 I.레드/'15.8

Engineer Boots 엔지니어 부츠

A.핑크/'05.4 「Idol 전」 & 로보크리스 한정 B.베이비핑크(체인 부착)/'05.12 C.핑크/'12.4 단품, 「CCS 12SS Home 물그림자」 set D.페일옐로/'10.6 「CCS 10SS Home」「CCS Today's mocha」 set E.샌드베이지/'05.12 F.카멜/'06.12 「모두가 만드는 momoko 2006」 set G.카멜/'09.6 H.카멜/'15.1 I.브라운/'05.12 J.브라운/'09.6 K.다크레드/'16.1 L.와인레드/'05.12 M.보르도/'06.11 「Mama Told Me 이세탄 Ver.」 set N.와인레드x다크브라운 그러데이션/'13.12 「PW ae (F. L. C.) 2013」 set O.화이트/'05.4 P.크림화이트/'14.2 「회전목마」 set Q.화이트x불꽃무늬/'14.3 「momoko DOLL as GAINAX Girls 004 요코」 set R.그레이/'10.10 「PW ae 〈A line〉」 set S.그레이/'16.1 T.블랙(짙은 회색 겉창)/'05.6 「퓨어 바이올렛」 스쿨걸 믹스, 「Mama Told Me」「Wake-Up 패션 세트 WUF002」「Arranged momoko DOLL QP Ver.」 set U.블랙(체인 부착)/'05.12 V.에나멜블랙/'13.1 단품, 「CCS 13NY 깊은 슬픔」「WUDsp GRAFFITI」 set W.블랙(검정 겉창)/'15.4 「CCS 15SS momoko」 set

10 Hole Boots

Half Boots

Button Short Boots

Brothel Creepers

Western Boots

Half Boots 하프 부츠

A.핑크/'05.4 「Idol 전」 & 로보크리스 한정 B.프로스티핑크/'11.3 「첫눈이 소복하게」 set C.라이트베이지/'10.12 「CCS 10AW Harvest Moon」 set D.유광베이지/'05.4 「강아지와 함께」 set E.베이지/'13.1 F.브라운/'06.4 「러블리 포크로어」 「앤티크 드리밍/앤티크 드리밍 보르도 Ver.」 set G.브라운/'13.2 「모두가 만드는 momoko 2012」 set H.다크브라운/'13.1 I.다크브라운/'15.9 J.흰색/'05.4 「Idol 전」 & 로보크리스 한정 K.화이트/'07.6 「피셔지의 미뉴엣/피셔지의 미뉴엣 WHITE Ver.」 set L.오프화이트/'08.12 「눈 내린 숲의 엘리스」 set M.크림화이트/'12.6 「스마일 웨딩」 set N.블랙(진한 회색끈)/'05.8 「하늘색 라비린스」 set O.블랙(검정끈)/'06.12 「말괄량이 졸업」 set.

10 Hole Boots 10홀 부츠

A.체리레드/'07.4 단품, 「PW ae 〈A line〉 환영의 사계-봄-아지랑이」 set B.네이비블루/'07.4 C.화이트/'11.8 「Love DHEXs/DHEXI」 set D.화이트/'07.4 단품, 「Honey Wild」 set E.그레이/'13.9 「Ambivalent Girl」 set F.블랙/'07.2 「I Wanna Be a Boy」 set, '09.6 단품 G.블랙x핑크/'09.10 「아웃도어 보이시」 set H.블랙/'16.5 「타탄 신드롬」 set

Brothel Creepers 클리퍼 슈즈

A.레드/'07.4 B.레드x블랙/'10.12 C.핑크/'06.10 「Mama Told Me」 set D.라일락/'12.9 「셔벗 KIDS」 set E.베이지/'07.4 F.민트x핑크/'14.1 「슈즈 12점 세트 Happy Box」 G.화이트(금색버클)/'06.11 「Mama Told Me 이세탄 Ver.」 set H.화이트(은색 버클)/'08.1 단품, 「불꽃놀이 데이트 IFDC Ver.」 set I.블랙/'07.4 J.유광블랙/'10.9.

Button Short Boots 버튼 부츠

A.다크레드/'16.1 B.화이트/'10.6 C.화이트x네이비/'11.8 단품, 「CCS 11SS Ugly Duckling」 set D.그레이/'10.6 E.매트블랙x에나멜블랙/'12.12 단품, 「CCS 12AW 검은 고양이」 set.

Western Boots 웨스턴 부츠

A.레드/'12.4 「CCS 12SS Home 저녁노을」 set B.핑크x핑크/'06.7 C.핑크/'07.9 D.베이지x블루/'06.7 E.유광베이지/'07.4 「가장 사랑하는 데님 엔젤」 set F.무광베이지/'08.10 「코스모스의 첫사랑」 set G.베이지/'09.11 단품, 「CCS 09AW Home Angel Ruby」 set H.브라운/'06.7 「Beach Rodeo」 set I.무광브라운/'08.10 「코스모스의 짝사랑」 set J.브라운/'10.3 「모두가 만드는 momoko 2009 BLOND Ver./BROWN Ver.」 set K.브라운(밝은 갈색 겉창)/'10.11 「Fall in Wild Love/Fall in Wild Love Black Ver.」 set L.브라운(짙은 회갈색 겉창)/'12.3 「모두가 만드는 momoko 2011」 set M.화이트/'07.9 N.화이트x베이지(흰색 겉창)/'06.7 O.화이트x베이지(베이지 겉창)/'09.5 「러브 아 라 모드」 set P.유광화이트/'16.1 「치스의 유혹」 set Q.블랙/'07.9 타투 「CCS 08SS Cowardly Lion」 set.

High Heels

Sandals

T-Strap Pumps

Open Toe Booties

Long Boots

Sandals 샌들

A.레드/'08.10 B.핑크/'08.10 C.핑크x블랙/'10.11 D.오렌지(갈색 겉창)/'09.7 「정열의 후르츠」set E.오렌지(녹갈색 겉창)/'10.10 F.브라운/'08.9 「약속한 해피 서머」set G.브라운x베이지/'08.10 「약속한 해피 서머 PINK Ver.」set H.블루/'08.10 I.블루시엘/'10.3 J.블루시엘(비즈 부착)/'10.6 「CCS 10SS Rainy Sky」set K.화이트(금색버클)/'08.10 L.화이트(핑크버클)/'10.3 M.화이트(비즈 부착)/'10.6 「CCS 10SS Morning Haze」set N.클리어x핑크/'10.11 O.클리어x라벤더/'10.11 P.실버/'10.10

High Heels 하이힐 펌프스

A.레드(검정 겉창)/'08.8 「Escort Me」set B.레드(베이지 겉창)/'09.10 C.레드(갈색 겉창)/'11.11 단품, 「CCS 11AW Home 팬지」set D.보르도/'11.6 단품, 「LAMMFROMM momoko DOLL LAMM/FROMM」set E.핑크/'08.9 F.펄핑크/'11.6 G.오렌지/'08.9 H.베이지/'09.10 I.그레이지/'10.9 「Smart Tweed Blond Ver.」set J.브라운/'09.10 K.브라운/'11.11 단품, 「CCS 11AW Home 금목서」set L.그린x핑크/'09.11 「CCS 09AW 꽃과 치와와」set M.라임그린/'10.9 「Smart Tweed」set N.블루x화이트/'11.6 단품, 「CCS Aquarius LAMM」set O.블루/'11. 11 단품, 「CCS 11AW Home 코스모스」set P.바이올렛/'08.9 Q.마죠라 바이올렛/'10.1 「반짝반짝 에이티즈」「불꽃놀이 데이트 IFDC Ver.」set R.화이트/'08.9 S.화이트x레드/'13.4 「PW ae〈CLAMP〉」set T.그레이x핑크/'09.10 U.블랙/'08.5 「황혼의 피앙세/황혼의 피앙세 with CCS」set V.블랙x레드/'09.10 W.블랙x실버/'09.12 「CCS 09AW 별과 파피용」set

T-Strap Pumps T-스트랩 펌프스

A.클리어x실버/'15.6 「운명의 밤」set B.클리어x화이트/'14.8 「파도의 요람 RIPPLE Ver./SURF Ver.」set C.클리어x레드/'14.3 「momoko DOLL as GAINAX Girls 005 니아, 텟펠린」set D.화이트x핑크(베이지 겉창)/'09.8 E.화이트x핑크(녹회색 겉창)/'11.8 단품, 「CCS 11SS Princess on the Pea」set F.화이트x블랙/'09.4 「우주의 랑데부」set G.블랙/'09.8 「CCS 09SS 노블 핑크」set H.블랙/'10.10 I.블랙x레드/'16.5 「PW ae〈S. T. B.〉 치나츠」set J.스모키핑크/'15.9 「PW ae〈아챠츄무〉」set K.퍼플/'09.8 L.그레이x다크브라운/'13.10 「PW ae〈A line〉nostalgia」set M.브라운/'10.7 단품, 「CCS 10AN Home Lovely Cat」set N.브론즈/'10.11 O.골드/'12.8 단품, 「CCS 12SS PALE CITRON+black/red/blonde」set P.블루/'09.8 「CCS 09SS 화이트 샌드」set Q.베이지x레드/'09.8 R.레드/'09.8 「Lacy Modernist」set,

Open Toe Booties 오픈 토 부티

A.레드/'12.3 「질풍의 사파리」set B.핑크베이지/'12.8 「DOLLY DOT」set C.블루그레이/'12.3 「질풍의 사파리 Cold Ver.」set D.블랙/'12.8 단품, 「CCS 12AN Home 모카」set E.실버/'15.8 「딥바이올렛」set F.실버/'12.8 단품, 「CCS 12AN Home 소다」set

Long Boots 롱 부츠

A.샌드베이지/'05.12 B.겨자(니트커버 부착)/'06.1 C.브라운/'05.10 「카페오레에 각설탕」set D.네이비/'05.12 E.와인레드/'05.12 「와일드 섹시 튠」set F.화이트(검정 겉창)/'05.12 G.화이트(베이지 겉창)/'06.6 「드라마틱 브라이드」set H.블랙/'05.12 「미라클 파티걸」「홀리 나이트」「모두가 만드는 momoko 2007」「Arranged momoko DOLL F. L. C. Ver.」「모두가 만드는 momoko 2010」set I.블랙(유광x무광)/'09.3 「MISS WEEKDAY/MISS WEEKDAY BITTER Ver.」set J.에나멜블랙/'11.1 「Pinky Leopard」set, 「슈즈 12점 세트 Happy Box」

Round Toe Mary Jane

Wedge Pumps

Ankle Boots

Mary Jane Pumps

Riding Boots

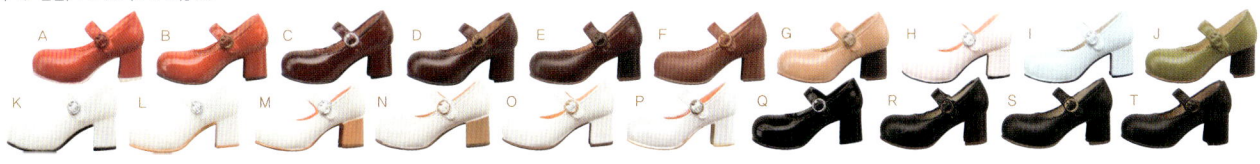

Mary Jane Pumps 스트랩 펌프스

A.핑크/'09.12 「밀크티 파티/밀크티 파티 BLACK Ver.」 set B.핑크/'11.11 C.브라운/'10.7 단품 「CCS 10AN Home Beauty Cat」 set D.애시브라운/'14.7 「PW ae 〈Mary Magdalene〉」 set E.화이트/'10.10 단품 「CCS Aquarius FROMM」 set F.펄화이트/'13.9 「모래의 눈물」 set G.블랙/'09.11 「오리온자리의 소나타」 set H.반유광 블랙/'09.10 「CCS 09AW Home Angel Pearl」 set I.유광 블랙/'09.11 J.블랙/'10.10 K.블랙x레드/'11.7 단품 「PW ae 〈F. L. C.〉」 set

Round Toe Mary Jane 라운드 토 스트랩 슈즈

A.레드/'10.8 단품 「빨간 구두」 set B.레드 C.유광 자주/'06.1 D.반유광 자주/'06.9 「마롱글라세」 set E.와인레드x브라운/'07.4 F.적갈색/'09.6 G.베이지x브라운/'07.4 H.핑크/'06.1 I.베이비블루/'06.1 J.모스그린x브라운/'07.4 K.유광 화이트/'06.1 「스위트 푸들」 「momoko DOLL as GAINAX Girls 002 노노」 set L.화이트/'07.11 「Wake-Up 패션 세트 WUF003」 set M.오프화이트(은색 버클)/'14.7 「천사의 조율 SUNDAY Ver./MONDAY Ver.」 set N.오프화이트(금색 버클)/'15.9 「PW ae 〈메르헨 메이커〉」 set O.크림/'09.6 P.펄화이트 Q.블랙(검정 겉창)/'06.4 「momoko DOLL as KANA 물방울 원피스 재킷」 set R.블랙x브라운/'07.4 S.블랙(옅은 회갈색 겉창)/'09.6 T.블랙(짙은 갈색 겉창) 모두/'14.1 「슈즈 12점 세트 Happy Box」

Wedge Pumps 웨지 펌프스

A.레드/'06.11 B.핑크/'08.9 C.라이트핑크/'13.11 「CCS 13AW Home Warmly Hug」 set D.베이지/'14.6 「PW ae 〈S.T.B.〉첫사랑」 set E.오렌지x브라운/'07.4 F.초콜릿/'06.11 단품 「CCS 06AW 스위트 초코/너버스 레드」 「Today's 1004」 set G.브라운/'11.7 「HIGH SCHOOL IDOL Peach Ver./HIGH SCHOOL DEBUT」 set H.옐로/'11.7 「HIGH SCHOOL IDOL」 set I.터쿼이즈x브라운/'07.4 J.블루x화이트/'08.9 K.화이트/'06.7 「CCS 06SS 쿨화이트/서머오렌지」 set L.화이트/'07.10 M.오프화이트x핑크/'12.12 단품 「CCS 12AW 흰 고양이」 set N.화이트/'14.8 「CCS 14AN momoko PK」 set O.화이트x블랙/'14.11 「고양이와 춤을 CLEAN Ver./SWEET Ver.」 set P.유광 블랙(암적색 겉창)/'06.11 Q.유광 블랙(검정 겉창)/'07.11 「Girl's End/Girl's End Red Ver.」 set R.반유광 블랙(갈색 겉창)/'08.9 S.반유광 블랙(갈색 겉창)/'07.6 「Groovy Baby」 「Escort Me」 set T.반유광 블랙(검정 겉창)/'12.4 U.블랙(회갈색 나무무늬)/'08.1 단품 「CCS 09AW Home Angel Amber」 「CCS 13AN Home FROMM」 set V.블랙(회갈색 나무무늬)/'12.3 「PW ae Galum」 set W.블랙(황갈색 나무무늬)/'14.4 「CCS 14SS momoko BL/BR」 set X.블랙x브라운/'07.4 「CCS 07SS 화이트 라이온/블랙 팬서」 set Y.골드/'10.5 「City in the Sea」 set Z.실버/'07.10 a.브론즈/'08.9 b.브론즈x브라운/'07.4 c.네이비(기모)/'06.11 「아시아의 꽃봉오리」 set

Ankle Boots 앵클 부츠

A.레드/'08.1 B.브라운/'07.12 C.실버크레센트/ D.블랙(짙은 회갈색 겉창)/'08.1 E.블랙(회갈색 겉창)/'13.1 「Beautiful Lines」 set

Riding Boots 라이딩 부츠

A.다크브라운x브라운/'07.11 「슬로 스마일 트래드」 set B.브라운/'07.12 「슬로 스마일 트래드 Apple Ver.」 set C.다크브라운/'08.3 「겨울의 버스정류장」 set D.블랙x브라운/'09.6 E.네이비베이지/'09.6 F.카멜x브라운/'08.0 G.옐로브라운x브라운/'10.4 「CCC 13СР Нomе 크랜베리 티」 set H.애시x브라운x오렌지/'13.4 「CCS 13SP Home 헤이즐넛 라떼」 set

Ballet Flats

Mule Sandals

Pokkuri

Zouri

Geta

Casual Half Boots

Ballet Flats 발레 슈즈

A.레드/'07.4 B.레드 C.레드/'08.12 「CCS 08AW 허니」「Today's 1004」「Today's 1112」「Today's IFDC White」set D.페일핑크/'07.4 「가장 사랑하는 데님 엔젤」set E.핑크크라메/'07.12 F.푸크시아핑크/'10.6 「CCS 10SS Morning Haze」「Today's 1105Bl/Br」「Today's 1109」set G.사몬핑크/'12. 7 H.오렌지 I.옐로 J.옐로/'13.6 「CCS 13SM Home wh」set, 「슈즈 12점 세트 Happy Box」 K.베이지/'07.12 L.베이지/'12.7 M.물방울 그린/'07.12 N.그린 O.페일블루/'07.4 P.색소폰/'12.2 「KID BLUE momoko DOLL Strawberry Ver./Platinum Ver.」set Q.블루 R.네이비블루/'08.6 「Berry Hunter」set S.인디고 T.바이올렛 모두/'08.8 단품, 「CCS 08AN Over The Rainbow」 set U.유광 화이트/'07.2 「투명한 푸른 흰색」set V.화이트/'07.2 「투명한 푸른 흰색 DeepSee Ver.」set W.라이트그레이/'12.7 X.유광 블랙/'08.12 「CCS 08AW 캐롯」「CCS 10AN Home Happy Cat」「Today's IFDC Red」「Today's amamfwawa」set Y.블랙/'12.7 Z.매트블랙/'12.9 단품, 「PW ae「You, ～Black & Brown～」 set a.클리어(노랑리본)/'13.6 「Beach Angel」 set b.클리어(흰색리본)/'14.1 「슈즈 12점 세트 Happy Box」 c.골드/'07.4 d.실버/'08.8 「CCS 08AN Dorothy」 set e.실버/'10.6 「CCS 10SS Rainy Sky」「Today's 1204pk/yl」「Today's 1206bk/bl」set f.웜실버/'14.2 「CCS 14NY momoko/14NY momoko PS」set g.펄브라운/'15.2 「PW ae「작은곰자리」여왕 고양이와 사슴 공주」

Casual Half Boots 캐주얼 하프 부츠

A.베이지(다크)/'09.5 「봄의 숲/봄의 숲 SKY Ver.」set B.베이지(라이트)/'09.7 「내추럴 데이즈」set C.샌드베이지/'14.3 「슈즈 12점 세트 Happy Box」 D.레드/'11.7 「심쿵 마린」set E.주홍/'13.11 「CCS 13AW Yellow Leaf」set F.와인레드/'16.2 「레드 라이딩 후드 세트」set G.코코아브라운/'15.3 「오렌지 쇼콜라」set H.블루그레이/'14.3 「겨울 스케치」set I.브라운그레이/'16.1 「블랙 라이딩 후드」set J.블랙/ '13. 6 「CCS 13SM gr」set, 「슈즈 12점 세트 Happy Box」

Geta (Kimono Shoes) 게타

A.빨강/'07.8 「CCS 07SS Yukata 흑설탕 우뭇가사리 젤리」「CCS 08SS Yukata 쁘띠 마카롱rd」set B.핑크/'08.12 단품 「CCS 09SS Yukata 검은 시루떡」set C.노랑/'06.7 「해바라기는 여름의 사랑」set D.노랑/'07.8 「CCS 07SS Yukata 밀크 빙수」「CCS 08SS Yukata 로즈 쇼콜라yl」set E.갈색/'08.12 단품, 「CCS 09SS Yukata 밤 과자」set F.갈색/'15.3 「CCS 15SP momoko kimono/15AT momoko kimono PS」set G.그린/'08.12 H.하늘색/'08.12 「CCS 08AW Kimono 검은 종달새」「CCS 12AW Kimono TOKIO/런던 PS」set I.화이트x핑크/'08.12 「CCS 08AW Kimono 치도리 공주」set J.화이트x블루/'09.8 단품, 「CCS 09SS Yukata 팥 도넛」set K.검정/'08.7 「CCS 08SS Yukata 쁘띠 마카롱bk/로즈 쇼콜라bk/쁘띠 쇼콜라」「CCS 12AW Kimono 런던」set L.블랙x퍼플/'09.8 단품 「CCS 09SS Yukata 딸기 찹쌀떡」set M.검정/'10.7 「불꽃놀이 데이트」set

Mule Sandals 뮬 샌들

A.핑크x표범무늬 리본/'05.5 「글리터 나이트」set B.브라운x골드/'05.6 「나인 투 파이브」set C.펄화이트/'08.3 「Midnight Rose」set, 「구두 복주머니」

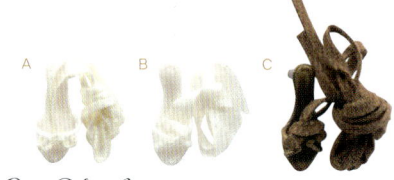

Lace Up Sandals 레이스업 샌들

A.화이트/'05.5 「겟 레디 서머」set B.화이트/'05.7 「바닐라 웨이퍼」set C.브라운/'06.8 「momoko Doll as GAINAX Girls 003 나디아」set

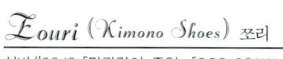

Zouri (Kimono Shoes) 쪼리

실버/'06.12 「말괄량이 졸업」「CCS 06AW Kimono 이치마츠 체리/검정 도트」set

Pokkuri (Kimono Shoes) 폿쿠리

빨강/'06.4 「백설」set

컬러 / 최초 판매 연월 / 판매 방법(기재되지 않은 것은 단품 판매), 단품=먼저 단품으로 판매, 세트=돌 세트로 판매

momoko 3
BODY & SKIN

2005년에 momoko 전용 보디가 완성되기까지 momoko는 다양한 돌 보디로 발매되었다.
역대 보디의 차이점을 확인해보자.

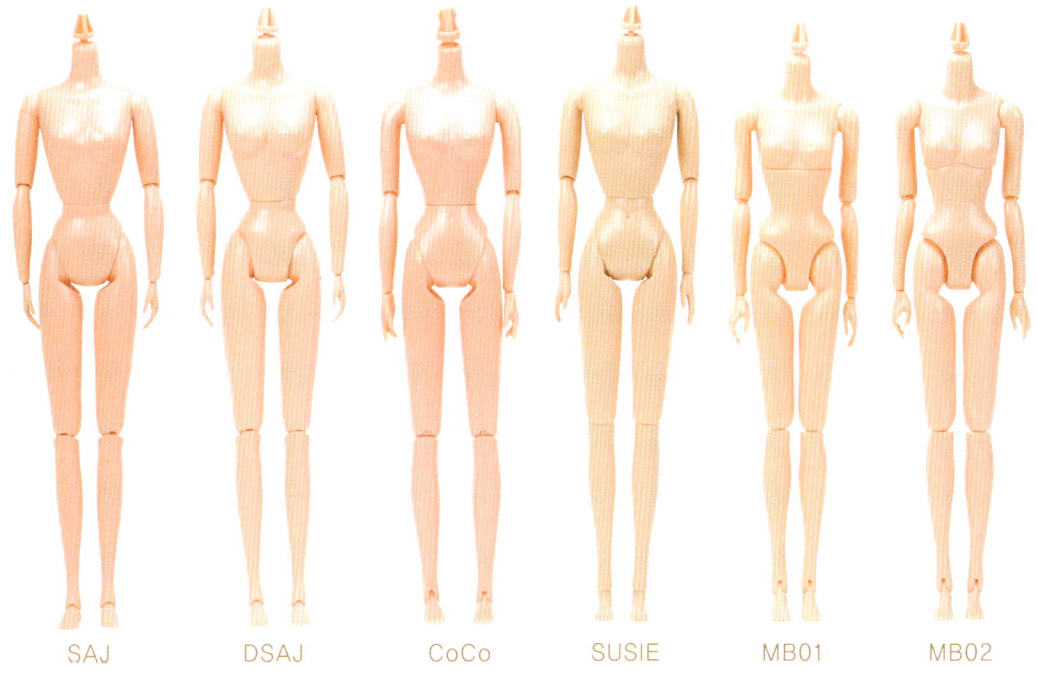

| SAJ | DSAJ | CoCo | SUSIE | MB01 | MB02 |

■ BODY 보디

SAJ 타카라 제작 「슈퍼 액션 제니 보디」

2001~2004년 펫웍스 momoko의 표준 보디. 세키구치 momoko 보디(MB01, MB02)보다 키가 약 1cm 크고 늘씬한 체형이다. 앉았을 때 무릎이 벌어지는 구조다.

CoCo 세키구치 제작 「CoCo 돌 보디」

2004년 펫웍스 momoko 일부에서 사용. CoCo 돌의 큰 머리를 지탱하기 위해 목 안쪽 부품이 커서 목이 움직이는 범위가 적다. SAJ와 비교하면 전체적으로 통통한 체형이다. 앉았을 때 무릎이 벌어지는 구조다.

MB01 2005~2013년 세키구치 momoko, 펫웍스 momoko 표준 보디

통칭 예전 보디. 2014년 이후에는 세키구치 Wake-Up(WUD)으로 선택된 momoko이며 펫웍스의 Today's 모델에 사용. 가슴 아래 절개 부분은 수평 방향으로만 가동. 2014년 이후, 가슴 가동 부분을 제외하면 MB02와 거의 같은 모양으로 개량되어 나오고 있다.

DSAJ 타카라 제작 「다이너마이트 가슴 슈퍼 액션 제니 보디」

2002~2004년 펫웍스 momoko 일부에서 사용. SAJ에서 변화를 준, 가슴이 큰 보디로 허리 부분이 개선되어 앉았을 때도 무릎이 벌어지지 않는다.

SUSIE 해외 대리점 R&D Dolls 생산 「SUSIE 돌 보디」

2004년 펫웍스 momoko의 일부(R&D Dolls 콜라보 모델)에서 사용. 보디 사이즈는 SAJ와 거의 같고, 손목과 발목이 돌아간다. 앉았을 때 무릎이 벌어지는 구조다.

MB02 2014년~현재 보디

통칭 NEW 보디. 세키구치 WUD 외의 코디네이트 모델, 펫웍스 Today's 외의 CCS와 ae 모델의 표준 보디. 가슴 아래 절개 부분이 전후좌우로 움직이는 구조이고, 가슴과 무릎 형태, 목 안쪽 등이 전반적으로 개량되었다.

■ SKIN 피부색

Natural (내추럴 피부)

■ PW 초대 (노멀 피부)

SAJ 보디 표준색에 맞춘 핑크 계열 피부색으로 부드러운 소프트 비닐 제품. '02~'04년 사이는 붉은 느낌이 강했다. MB 보디의 내추럴 피부는 오커 계열로 색감이 달라서, 10주년 기념 「D HEX Pepro」 전용으로 구(舊) 노멀 피부 보디가 제작됐다.

■ PW (SK 일본산)

옅은 핑크 계열로 살짝 투명한 느낌이 있는 피부색으로 부드러운 소프트 비닐 제품. 제작 시기에 따라 컬러 농도에 약간 변화가 있고, 내추럴 피부라도 메이크업 색조에 따라 달리 보이기도 해서 미백 피부 보디가 어울리는 것도 있다.

■ SK

기본 느낌은 오커 계열 피부색이며 약간 단단한 소재인 제품. 제작 시기에 따라 컬러와 질감에 약간 차이가 있는데 '05~'07년 사이는 노란색이 강해진다. 진한 색상 메이크업을 해도 피부색이 배어 나오지 않아서 또렷한 메이크업이 잘 어울린다.

Tanned (선탠 피부)

■ PW 초대

SAJ 보디의 선탠 피부에 맞춰서 선탠 직후 빨개진 피부 같은 느낌이 드는 오렌지 계열 피부색이다. MB 보디 선탠 피부는 브라운 계열 색감이라서 MB01이나 02에 끼우면 살짝 위화감이 든다. 오렌지 계열 메이크업이 잘 어울린다.

■ PW (SK 일본산)

MB 보디 선탠 피부에 맞춘 브라운 계열 피부색으로 부드러운 소프트 비닐 제품. 스모키 핑크나 내추럴 핑크 계열 립, 민트나 라이트 블루 아이 메이크업처럼 대비를 강조한 조합이 잘 어울린다.

■ SK

약간 투명하고 붉은 느낌이 적은 브라운 계열 피부색으로 약간 단단한 소재 제품. 시기에 따라 컬러 농도에 다소 변화가 있다. MB 보디 선탠 피부에 어울리는 피부색. 검성부터 밝은 살색 계열의 에어나 불은 느낌의 메이크업이 잘 어울린다.

Fair (미백 피부)

■ PW 초대

SAJ 보디 미백 피부와 어울리는 핑크 계열 미백 피부로 부드러운 소프트 비닐 제품. 지금 발매되는 PW 내추럴 피부에 가까운 색감이다. '02~'04년 미백 momoko와 현재 MB 내추럴 보디를 호환해도 위화감이 거의 없다.

■ PW (SK 일본산)

투명하고 붉은 느낌이 거의 없는 하얀 피부색으로 부드러운 소프트 비닐 제품. MB 보디 미백 피부보다 투명한 느낌이 강해서 얼굴이 약간 떠 보인다. 맑고 투명한 피부가 아름답게 돋보이는 메이크업이 잘 어울리지만 사진 찍기는 어렵다.

■ SK

'06~'07년 전반은 살짝 그레이 느낌의 컬러였다. 이후에 메이크업 컬러를 잘 받쳐주는 옅은 오커 계열과 옅은 핑크 계열 피부색으로 바뀌었다. 약간 단단한 소재 제품. PW 미백 피부보디 투명함이 떨어지기 때문에 사진 찍기는 좋다.

momoko 3
FACE & MAKE-UP

momoko의 페이스는 2가지 타입, 즉 쿨 페이스와 허니 페이스이다. 눈동자의 방향은 좌, 우, 정면 3가지다.
눈썹, 속눈썹, 아이라인, 아이섀도, 립 등도 다양한 종류가 있어 메이크업 조합은 무한대다.
지금부터 Holly 씨가 뽑은 대표 메이크업을 소개한다.

Cool Face 쿨 페이스

초대 momoko 부터 이어져온 momoko 의 매력이 담긴 페이스 .
입술 가운데가 살짝 벌어진 자연스러운 형태로
옅은 미소를 보이기도 하고 쿨한 표정을 짓기도 한다 .
헤드 번호는 DHD-01. 2001 년 초대부터
2011 년에 허니 페이스가 발매되기 전까지 모두 이 페이스를 사용했다.
세키구치 제품은 전부 쿨 페이스다 (2016 년 기준).

펫웍스와 세키구치의 페이스는 같은 조형이지만 제작 공장이 다르므로 크기나 질감에 있어 약간 차이가 난다. 같은 메이크업이라도 미묘하게 분위기가 다른 경우가 있다. 펫웍스 제품 등 일본 내에서 생산된 것을 '쿨 페이스', 세키구치 중국 공장에서 생산된 것을 '쿨 페이스(SK)'라고 표기한다.

Honey Face 허니 페이스

momoko 탄생 10 주년인 2011 년에 발매된 페이스로
입 꼬리가 올라간 느낌이 특징 . 삐친 듯 , 쓸쓸한 듯 보이기도 하고
심술 맞게 옅은 미소를 짓는 듯도 보인다 .
헤드 번호는 DHD-02. 업스타일이 잘 어울리도록
쿨 페이스보다 머리가 약간 크게 만들어졌다.
2016 년 기준으로 PetWORKs 제품에서만 사용한다.

2014년 5월 이후 판매되는 허니 페이스에는 Today's momoko 1405 등 모양은 같지만 미묘하게 사이즈가 큰 종류도 있다. 인형다운 검은 눈동자가 특징. 두 종류를 구분하기 위해 노멀 사이즈를 '허니 페이스', Today's momoko 1405 등 약간 큰 사이즈를 '허니 페이스2'로 표기한다.

〈항목 표기에 대하여〉

- 일본산: 펫웍스 제품, 세키구치(일본산)
- SK : 세키구치(중국 공장)
- 눈동자 방향
- (속눈썹 등의 특징)

Face : 사용된 페이스
Eyes : 눈동자 방향
Eyebrows : 눈썹 모양
Eyelash : 위 속눈썹(↑), 느끼기 속눈썹( )
아래 속눈썹(↓)의 개수
Eyeshadow : 위아래 눈꺼풀 셰도, 아이라인 등
Lips : 입술의 형태

Model : 「참고용 모델명」(게재 페이지)

Cool Face

쿨 페이스는 눈동자 방향이
왼쪽, 정면, 오른쪽 3가지 타입을
판매하고 있다.

01. 일본산, 왼쪽
위 속눈썹 2줄

초대 momoko와 동일
가장 기본적인 momoko 메이크업

Face : 쿨 페이스 / Cool
Eyes : 왼쪽 / Left
Eyebrows : 짧은 아치형 눈썹 / Soft Arched
Eyelash : 위 2줄 / ↑2
Eyeshadow : 위 눈꺼풀 / Upper
Lips : 스마일(웃는 입술) / Smiling

Model : 「고양이와 춤을 CLEAN Ver.」 P. 117

02. SK, 왼쪽
위 속눈썹 2줄, 쌍꺼풀 라인

옅은 눈동자 주위로 살짝 컬이 들어간 속눈썹과
아래 아이라인과 쌍꺼풀 라인으로 입체감을 더했다.

Face : 쿨 페이스 (SK) / Cool (SK) Eyes : 왼쪽 / Left
Eyebrows : 커브 눈썹 / Rounded Arched
Eyelash : 위 2줄 / ↑2
Eyeshadow : 위 눈꺼풀, 쌍꺼풀 라인, 아래 라인 / Upper,
Eyelid Line, Lower Line
Lips : 오버 립 / Over

Model : 「운명의 밤」 P. 118

03. 일본산, 왼쪽
속눈썹 없음

속눈썹이 없이 깔끔한 눈꼬리에
그러데이션 아이섀도로 깊이를 더했다.

Face : 쿨 페이스 / Cool
Eyes : 왼쪽 / Left
Eyebrows : 짧은 아치 눈썹 / Soft Arched
Eyelash : 없음 / –
Eyeshadow : 위 눈꺼풀, 그러데이션 셰도 / Upper, Shading
Lips : 스마일 / Smiling

Model : 「선택할 수 있는 momoko(2012-4) 얼굴 2」 P. 120

04. SK, 왼쪽
속눈썹 없음

내추럴하면서 부드러운 메이크업에
옅은 아치 눈썹이 긴장감을 준다.

Face : 쿨 페이스 (SK) / Cool (SK)
Eyes : 왼쪽 / Left
Eyebrows : 아치 눈썹 / Arched
Eyelash : 없음 / –
Eyeshadow : 위 눈꺼풀 / Upper
Lips : 스마일 (SK 작게) / Smiling

Model : 「겨울 스케치」 P. 116

05. 일본산, 왼쪽
전체 아이라인

펑크 스타일로 그린 아이라인과
도톰하고 매혹적인 입술

Face : 쿨 페이스 / Cool Eyes : 왼쪽 / Left
Eyebrows : 짧은 아치 눈썹 / Soft Arched
Eyelash : 눈꼬리 1줄 (전체 아이라인) / →1
Eyeshadow : 위 눈꺼풀, 전체 라인 / Upper, Cat Eyeline
Lips : 샤프 (인가 입술, 위아래 입술 하이라이트 /
Sharp, Lip Highlights

Model : 「CCS 09AW 별과 파피용」 P. 76

06. SK, 왼쪽
전체 아이라인

신비함이 담긴 캐츠아이와
통통한 체리 입술

Face : 쿨 페이스 (SK) / Cool (SK)
Eyes : 왼쪽 / Left
Eyebrows : 아치 눈썹 / Arched
Eyelash : 눈꼬리 1줄 (전체 라인) / →1
Eyeshadow : 위 눈꺼풀, 전체 라인 / Upper, Cat Eyeline
Lips : 글래머 (통통한 입술) / Glamour

Model : 「HIGH SCHOOL IDOL」 P. 111

07. 일본산, 왼쪽
속눈썹: 위 2줄, 눈꼬리 1줄, 아래 8줄

속눈썹이 풍성한 눈매와
옅은 컬러의 조합으로 쿨한 느낌 연출

Face : 쿨 페이스 / Cool Eyes : 왼쪽 / Left
Eyebrows : 짧은 아치 눈썹 / Soft Arched
Eyelash : 위 2줄, 눈꼬리 1줄, 아래 8줄 / ↑2, →1, ↓8
Eyeshadow : 위 누까풀, 누시울 하이라이트 /
Upper, Inner Corner Highlight
Lips : 스마일 / Smiling

Model : 「CCS-momoko Today's 12HB」 P. 82

08. SK, 왼쪽
속눈썹: 위 2줄, 아래 7줄

또렷한 쌍꺼풀과 검은 눈동자의 돌리 메이크업

Face : 쿨 페이스(SK) / Cool (SK)
Eyes : 왼쪽 / Left
Eyebrows : 커브 눈썹 / Rounded Arched
Eyelash : 위 2 줄, 아래 8줄 / ↑2, ↓8
Eyeshadow : 위 눈꺼풀, 쌍꺼풀 라인 / Upper, Eyelid Line
Lips : 스마일 (SK) / Smiling

Model 「러브 아 라 모드」 P. 105

09. 일본산, 왼쪽
속눈썹 없음, 샤프한 일자 입술

깊이 있는 브론즈 컬러로
눈시울에 포인트를 준 또렷하고 이지적인 메이크업

Face : 쿨 페이스 / Cool
Eyes : 왼쪽 / Left
Eyebrows : 짧은 아치 눈썹 / Soft Arched
Eyelash : 없음 / –
Eyeshadow : 눈시울 ~ 위 눈꺼풀 / Inner Corner to Upper Lid
Lips : 샤프 / Sharp

Model 「PW-momoko ae 《Galum》」 P. 83

10. 일본산, 왼쪽
속눈썹 없음, 전체 아이라인

눈시울 하이라이트와 둥글게 칠한 섀도로
밝고 큰 눈망울 완성

Face : 쿨 페이스 / Cool   Eyes : 왼쪽 / Left
Eyebrows : 짧은 아치 눈썹 / Soft Arched
Eyelash : 없음 / –
Eyeshadow : 전체 섀도, 눈시울 하이라이트 / All Around, Inner Corner Highlight
Lips : 샤프, 윗입술 하이라이트 / Sharp, Upper Highlight

Model 「CCS-momoko 13AW Red Leaf」 P. 88

11. 일본산, 왼쪽
눈썹 없음, 속눈썹 없음

「FINAL HOME」 세계관을 구현한
미니멀 메이크업

Face : 쿨 페이스 / Cool
Eyes : 왼쪽 / Left
Eyebrows : 없음 / –   Eyelash : 없음 / –
Eyeshadow : 없음, 가느다란 위 아이라인 / –, Thin Upper Eyeline
Lips : 스마일 / Smiling
Others : 오른쪽 눈 아래 점 / Beauty Mark

Model 「FINAL HOME momoko」 P. 66

12. SK, 왼쪽
위 속눈썹 2줄, 주근깨

가느다란 아이라인과 주근깨가 특징인
세키구치 momoko 초대 메이크업

Face : 쿨 페이스 (SK) / Cool (SK)
Eyes : 왼쪽 / Left
Eyebrows : 아치 눈썹 / Arched   Eyelash : 위 2 줄 / ↑2
Eyeshadow : 위 눈꺼풀, 가는 위 아이라인 / Upper, Thin Upper Eyeline
Lips : 오버 립 / Over   Others : 주근깨 / Freckles

Model 「겟 레디 서머」 P. 96

13. SK, 왼쪽
위 속눈썹 4줄, 옅은 눈썹

피부색에 가까운 옅은 눈썹이 특이하며
위 속눈썹 4줄로 흔하지 않은 메이크업이다.

Face : 쿨 페이스 (SK) / Cool (SK)
Eyes : 왼쪽 / Left
Eyebrows : 옅은 아치 눈썹 / Weak Arched
Eyelash : 위 4 줄 / ↑4
Eyeshadow : 위 눈꺼풀, 쌍꺼풀 라인 / Upper, Eyelid Line
Lips : 스마일 / Smiling

Model 「Beautiful Lines」 P. 114

14. SK, 왼쪽
위 속눈썹 4줄, 아래 속눈썹 7줄

또렷한 눈매와 누드 립이 완벽한 조화를 이룬다.

Face : 쿨 페이스 (SK) / Cool (SK)
Eyes : 왼쪽 / Left
Eyebrows : 아치 눈썹 / Arched
Eyelash : 위 4 줄, 아래 7줄 / ↑4, ↓7
Eyeshadow : 위 눈꺼풀, 아래 눈꺼풀 / Upper, Lower Line
Lips : 오버 립 / Over

Model 「Everyday B-Girl」 P. 97

15. SK, 왼쪽
위 속눈썹 3줄, 아래 속눈썹 3줄

신비한 푸른 눈동자와
옅은 색감의 아이라인이 쓸쓸한 이미지를 표현한다.

Face : 쿨 페이스 (SK) / Cool (SK)
Eyes : 왼쪽 / Left
Eyebrows : 아치 눈썹 / Arched
Eyelash : 위 3 줄, 아래 3줄 / ↑3, ↓3
Eyeshadow : 위 눈꺼풀, 쌍꺼풀 라인 / Upper, Eyelid Line
Lips : 스마일 / Smiling

Model 「모래의 눈물」 P. 114

16. SK, 왼쪽
리얼 속눈썹

눈꼬리까지 길게 심은 리얼 속눈썹으로
기품 있고 클래식한 메이크업이 완성되었다.

Face : 쿨 페이스 (SK) / Cool (SK)
Eyes : 왼쪽 / Left
Eyebrows : 아치 눈썹 / Arched
Eyelash : 리얼 속눈썹 (식모) / Rooted Eyelash
Eyeshadow : 위 눈꺼풀, 쌍꺼풀 라인 / Upper, Eyelid Line
Lips : 글래머 / Glamour

Model 「황혼의 피앙세」 P. 103

17. 일본산, 정면
위 속눈썹 2줄

검은 눈동자에 짧은 속눈썹이
귀여운 분위기를 연출한다.

Face : 쿨 페이스 / Cool
Eyes : 정면 / Center
Eyebrows : 커브 눈썹 / Rounded Arched
Eyelash : 위 2줄 / ↑2
Eyeshadow : 위 눈꺼풀 / Upper
Lips : 스마일 / Smiling

Model :「타탄 신드롬」P. 119

18. SK, 정면
위 속눈썹 2줄

정면을 응시하는 시선으로 또렷한 인상을 준다.

Face : 쿨 페이스 (SK) / Cool (SK)
Eyes : 정면 / Center
Eyebrows : 커브 눈썹 / Rounded Arched
Eyelash : 위 2줄 / ↑2
Eyeshadow : 위 눈꺼풀 / Upper
Lips : 스마일 (작게) / Smiling

Model :「홀리 나이트」P. 102

19. 일본산, 정면
속눈썹 없음, 주근깨

깔끔한 눈매와 주근깨로 표현된 자연스러운 매력

Face : 쿨 페이스 / Cool   Eyes : 정면 / Center
Eyebrows : 커브 눈썹 / Rounded Arched
Eyelash : 없음 / –
Eyeshadow : 위 눈꺼풀 / Upper
Lips : 스마일 / Smiling
Others : 주근깨 / Freckles

Model :「연꽃 나라의 앨리스 ROUROU momoko」P. 67

20. 일본산, 정면
속눈썹 없음, 넓은 아이섀도

눈동자 중심 윗부분에 아이섀도를 넓게 발라서
부드럽고 상냥한 눈매 연출

Face : 쿨 페이스 / Cool
Eyes : 정면 / Center
Eyebrows : 커브 눈썹 / Rounded Arched
Eyelash : 없음 / –
Eyeshadow : 위 눈꺼풀 (넓게) / Upper Thick
Lips : 스마일 / Smiling

Model :「오렌지 쇼콜라」P. 118

21. 일본산, 정면
위 속눈썹 1줄

기본 2줄 속눈썹보다 적지만
긴 1줄 속눈썹이 쿨한 느낌을 준다.

Face : 쿨 페이스 / Cool
Eyes : 정면 / Center
Eyebrows : 커브 눈썹 / Rounded Arched
Eyelash : 위 1줄 / ↑1
Eyeshadow : 전체 섀도 / All Around
Lips : 스마일 / Smiling

Model :「CCS-momoko 13AN LAMMFROMM」P. 88

22. SK, 정면
위 속눈썹 1줄, 아래 속눈썹 7줄

아래쪽 아이라인과 조화를 이루는 시원하면서 섬세한 인상.
하얀 이가 약간 보이는 오픈 마우스 구조

Face : 쿨 페이스 (SK) / Cool (SK)
Eyes : 정면 / Center
Eyebrows : 커브 눈썹 / Rounded Arched
Eyelash : 위 1줄, 아래 7줄 / ↑1, ↓7
Eyeshadow : 위 눈꺼풀, 아래 눈꺼풀 / Upper, Lower
Lips : 글래머 (치아 보임) / Glamour(with teeth)

Model :「아시아의 꽃봉오리」P. 100

23. 일본산, 정면
위 속눈썹 2줄, 아래 속눈썹 8줄, 입술 하이라이트

눈동자 윤곽선이 옅고 시선은 또렷한 메이크업으로
아래 눈꺼풀에 포인트를 준 처진 형태기 특징

Face : 쿨 페이스 / Cool   Eyes : 정면 / Center
Eyebrows : 커브 눈썹 / Rounded Arched
Eyelash : 위 2줄, 아래 8줄 / ↑2, ↓8
Eyeshadow : 선체 섀노, 눈시울 하이라이트 / All Around, Inner Corner Highlight
Lips : 샤프, 이랫입술 세로 하이라이트 / Sharp, Lower Highlight

Model :「CCS-momoko 10SS Morning Haze」P. 77

24. SK, 정면
위 속눈썹 4줄, 아래 속눈썹 7줄

옅은 눈동자를 감싼 전체 섀도와
풍성한 속눈썹을 가진 정통파 미인의 얼굴

Face : 쿨 페이스 (SK) / Cool (SK)
Eyes : 정면 / Center
Eyebrows : 아치 눈썹 / Arched
Eyelash : 위 4줄, 아래 7줄 / ↑4, ↓7
Eyeshadow : 전체 섀도 / All Around
Lips : 스마일 / Smiling

Model :「Go For Victory!!!」P. 98

25. 일본산, 정면
위 2줄, 아래 8줄, 넓은 아이섀도

위 눈꺼풀에 넓게 바른 아이섀도와
새빨간 오버 립이 화려하다.

Face : 쿨 페이스 / Cool   Eyes : 정면 / Center
Eyebrows : 옅은 커브 눈썹 / Weak Rounded Arched
Eyelash : 위 2줄, 아래 8줄 / ↑2, ↓8
Eyeshadow : 위 눈꺼풀 (넓게), 전체 섀도, 눈시울 하이라이트 / Upper Thick, All Around, Inner Corner Highlight
Lips : 오버 립 / Over

Model :「Today's 1412st」P. 92

26. 일본산, 정면
속눈썹 없음. 눈꼬리 아이섀도, 짧은 눈썹

짧은 눈썹과 치켜 올라간 눈꼬리 섀도로
ae CLAMP를 위한 특별 구성이다.

Face : 쿨 페이스 / Cool　Eyes : 정면 / Center
Eyebrows : 짧은 눈썹 / Half Shaved
Eyelash : 없음 / -
Eyeshadow : 눈시울 ~ 위 눈꺼풀, 눈꼬리 섀도 / Inner corner to
Upper Lid, Outer V
Lips : 샤프 / Sharp

Model : 「PW-momoko ae 〈CLAMP〉」 P. 87

27. SK, 정면
위 속눈썹 2줄, 아래 속눈썹 3줄

누드 컬러 메이크업과 아래 속눈썹으로
부드러운 인상을 준다.

Face : 쿨 페이스 (SK) / Cool (SK)
Eyes : 정면 / Center
Eyebrows : 아치 눈썹 / Arched
Eyelash : 위 2줄, 아래 3줄 / ↑2, ↓3
Eyeshadow : 위 눈꺼풀, 쌍꺼풀 라인 / Upper, Eyelid Line
Lips : 스마일 / Smiling

Model : 「치아 보임」 P. 114

28. SK, 정면
전체 아이라인

신비한 캐츠아이

Face : 쿨 페이스 (SK) / Cool (SK)　Eyes : 정면 / Center
Eyebrows : 아치 눈썹 / Arched
Eyelash : 눈꼬리 1줄 (전체 라인) / →1
Eyeshadow : 전체 섀도, 전체 라인, 눈시울 하이라이트 / All Aro
und, Cat Eyeline, Inner Corner Highlight
Lips : 스마일 / Smiling

Model : 「Smart Tweed」 P. 109

29. SK, 정면
위 속눈썹 2줄, 전체 아이섀도

펑크스타일을 좀 더 우아하게 연출

Face : 쿨 페이스 (SK) / Cool (SK)　Eyes : 정면 / Center
Eyebrows : 커브 눈썹 / Rounded Arched
Eyelash : 위 2줄 / ↑2
Eyeshadow : 전체 섀도, 눈시울 하이라이트 / All Around, Inner
Corner Highlight
Lips : 스마일 / Smiling

Model : 「퓨어 바이올렛」 P. 96

30. SK, 정면
리얼 속눈썹

눈꼬리까지 위로 향하게 심은 리얼 속눈썹.
또렷한 눈썹과 살짝 벌어진 빨간 입술이 매혹적이다.

Face : 쿨 페이스 (SK) / Cool (SK)
Eyes : 정면 / Center
Eyebrows : 아치 눈썹 / Arched
Eyelash : 리얼 속눈썹(식모) / Rooted Eyelash
Eyeshadow : 위 눈꺼풀, 아래 눈꺼풀 / Upper, Lower
Lips : 글래머(치아 보임) / Glamour(with teeth)

Model : 「Girl's End」 P. 101

31. SK, 소프트 정면

세키구치 momoko DOLL 10주년에 데뷔한
새로운 디자인의 정면 시선

Face : 쿨 페이스 (SK) / Cool (SK)
Eyes : 소프트 정면 / Soft Center
Eyebrows : 두꺼운 눈썹 / Thick
Eyelash : 위 2줄 / ↑2
Eyeshadow : 전체 섀도, 아래 라인 / All Around, Lower Line
Lips : 글래머 (큰 편) / Glamour

Model : 「딥 바이올렛」 P. 118

32. 일본산, 오른쪽
아래 속눈썹 3줄

「모두가 만드는 momoko 2011」부터 제작된 오른쪽 시선,
눈꼬리가 동그랗고 검은 눈동자를 가진 부드러운 표정

Face : 쿨 페이스 / Cool
Eyes : 오른쪽 / Right
Eyebrows : 자연스러운 가는 눈썹 / Flat Narrow
Eyelash : 아래 3줄 / ↓3
Eyeshadow : 위 눈꺼풀 / Upper
Lips : 스마일 / Smiling

Model : 「모두가 만드는 momoko DOLL 2011」 P. 112

33. SK, 오른쪽
눈꼬리 1줄, 아래 2줄

눈꼬리의 발랄한 작은 속눈썹이 사랑스럽다.
2006년에 4개 모델만 발매됐고 지금은 절판됐다.

Face : 쿨 페이스 (SK) / Cool (SK)
Eyes : 오른쪽 / Right
Eyebrows : 차진 눈썹 / Thin Rounded
Eyelash : 눈꼬리 1줄, 아래 2줄 / →1, ↓2
Eyeshadow : 위 눈꺼풀 / Upper
Lips : 글래머(치아 보임) / Glamour(with teeth)

Model : 「마롱글라세」 P. 99

34. 일본산, 오른쪽
속눈썹 없음

옅은 그레이의 가는 눈썹과 누드 컬러 립으로
동그란 윤곽이 두드러진다.

Face : 쿨 페이스 / Cool
Eyes : 오른쪽 / Right
Eyebrows : 자연스러운 가는 눈썹 / Flat Narrow
Eyelash : 없음 / -
Eyeshadow : 위 눈꺼풀 / Upper
Lips : 스마일 / Smiling

Model : 「Wake-Up momoko DOLL WUD 013」 P. 112

Honey Face

허니 페이스의 눈은
2016년 기준으로 왼쪽만 있다.
허니2의 눈은 살짝 정면을 향하고 있다.

35. 허니, 왼쪽
위 속눈썹 2줄

삐친 듯한 입 모양과 위로 치켜뜬 눈이 귀여우면서
고집 센 느낌을 주는 표정이 매력적이다.

Face: 허니 페이스 / Honey
Eyes: 왼쪽 / Left
Eyebrows: 옅은 일자 눈썹 / Weak Straight Thick
Eyelash: 위 2줄 / ↑2
Eyeshadow: 위 눈꺼풀, 눈꼬리 그러데이션 섀도 / Upper, Outer
Lips: 다운턴(무뚝뚝한 느낌의 입술) / Downturned

Model: 「CCE-momoko Today's 1206bk」 P. 83

36. 허니2, 왼쪽
위 속눈썹 2줄

약간 짧은 듯한 자연스러운 눈썹과 검은 눈동자,
어딘가 쓸쓸하면서 슬퍼 보이는 부드러운 표정

Face: 허니 페이스 2 / Honey 2
Eyes: 왼쪽 (타입2) / Left (type 2)
Eyebrows: 자연스러운 눈썹 / Flat
Eyelash: 위 2줄 / ↑2
Eyeshadow: 위 눈꺼풀 / Upper
Lips: 허니 글래머 / Glamour

Model: 「Today's momoko 1501」 P. 92

37. 허니, 왼쪽
속눈썹 없음

색이 옅은 아이 메이크업과 할 말이 있는 듯한 빨간 입술

Face: 허니 페이스 / Honey
Eyes: 왼쪽 / Left
Eyebrows: 옅은 일자 눈썹 / Weak Straight Thick
Eyelash: 없음 / -
Eyeshadow: 위 눈꺼풀 / Upper
Lips: 다운턴 / Downturned

Model: 「CCS 14SS momoko BL」 P. 90

38. 허니2, 왼쪽
위 속눈썹 1줄

순수하고 앳된 표정에 어울리는 속눈썹이 특징

Face: 허니 페이스 2 / Honey 2
Eyes: 왼쪽 (타입2) / Left (type 2)
Eyebrows: 옅은 자연스러운 눈썹 / Weak Flat
Eyelash: 위 1줄 / ↑1
Eyeshadow: 위 눈꺼풀 / Upper
Lips: 허니 글래머 / Glamour

Model: 「PW-momoko ae 〈S. T. B.〉 치나츠」 P. 94

39. 허니, 왼쪽
인형 속눈썹, 동공

동공을 강조한 눈동자와 특징 있는 속눈썹으로
이국적인 앤티크 돌 같은 눈매가 완성되었다.

Face: 허니 페이스 / Honey Eyes: 왼쪽 / Left
Eyebrows: 일자 눈썹 / Straight Thick
Eyelash: 위 9줄, 아래 5줄 / ↑9, ↓5
Eyeshadow: 위 눈꺼풀, 아래 라인 / Upper, Lower Line
Lips: 다운턴 / Downturned
Others: 동공 / Pupil

Model: 「PW-momoko ae 〈Mary Magdalene〉」 P. 91

40. 허니, 왼쪽
위 속눈썹 2줄, 아래 속눈썹 5줄, 동공

동공을 그려 넣어 깊이를 더한 눈동자를
다크 블루 아이섀도와 속눈썹이 감싸고 있다.

Face: 허니 페이스 / Honey Eyes: 왼쪽 / Left
Eyebrows: 일자 눈썹 / Straight Thick
Eyelash: 위 2줄, 아래 5줄 / ↑2, ↓5
Eyeshadow: 위 눈꺼풀, 아래 눈꺼풀 / Upper, Lower
Lips: 다운턴 / Downturned
Others: 동공 / Pupil

Model: 「CCS 15AN momoko」 P. 93

41. 허니, 왼쪽
작은 스마일 입술

작은 입술에 입 꼬리가 살짝 올라간 립 라인

Face: 허니 페이스 / Honey
Eyes: 왼쪽 / Left
Eyebrows: 옅은 일자 눈썹 / Weak Straight Thick
Eyelash: 위 2줄 / ↑2
Eyeshadow: 위 눈꺼풀 / Upper
Lips: 스마일(식세) / Smiling

Model: 「CCS 12AN 보카」 P. 84

42. 허니, 왼쪽
큰 스마일 입술

입 꼬리가 윗입술 쪽으로 올라간
미소 짓는 듯한 립 라인

Face: 허니 페이스 / Honey
Eyes: 왼쪽 / Left
Eyebrows: 일자 눈썹 / Straight Thick
Eyelash: 위 2줄 / ↑2
Eyeshadow: 위 눈꺼풀 / Upper
Lips: 스마일(크게) / Smiling

Model: 「PW-momoko ae 〈F. L. C. 2013〉」 P. 89

momoko HAIR

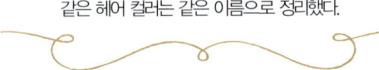

모모코의 헤어는 69가지 컬러이다. 공식 사이트를 기준으로 같은 헤어 컬러는 같은 이름으로 정리했다.

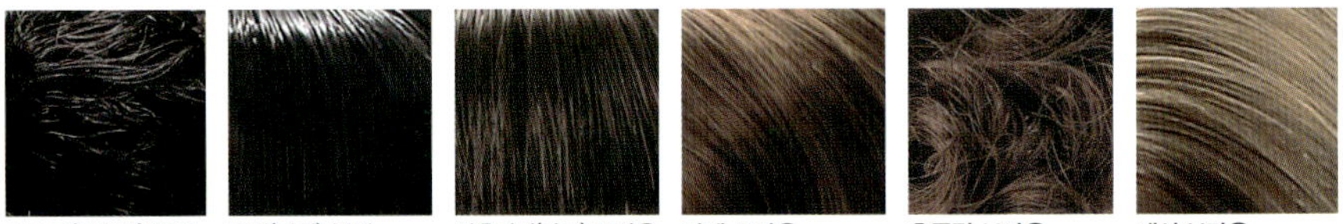

소프트(내추럴) 블랙
갈색 빛이 살짝 도는 자연 흑발. momoko 헤어 컬러 중 가장 많은 색. 「ver. DHEXs」 등 49종

리얼(피치) 블랙
인공적인 검정색과 칠흑색. 「타탄 신드롬」 등 20종

마호가니(다크) 브라운
광택이 도는 짙은 갈색으로 PW, SK 모두에 많이 사용되는 컬러. 「겨울 스케치」 등 28종

카페 브라운
광택이 도는 약간 밝은 갈색. 「네가 떠난 홈」 등 4종

초콜릿 브라운
초콜릿 컬러. 「카페오레에 각설탕」 등 4종.

애시 브라운
회색빛이 도는 갈색. 「딥 바이올렛」 등 8종

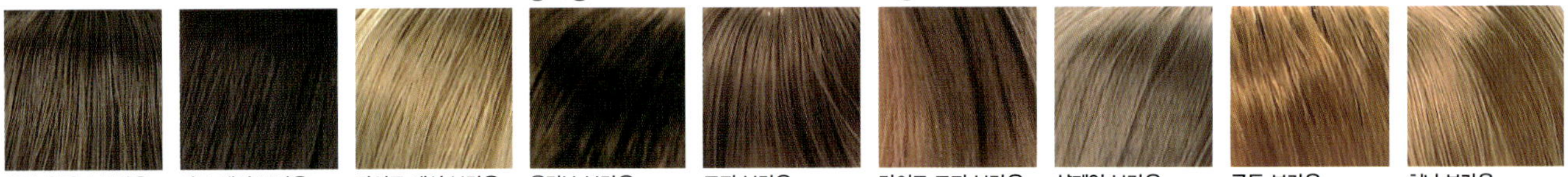

애시 올리브 브라운
초록빛이 도는 애시 브라운. 「ae 〈Galum〉」 등 3종

다크 애시 브라운
초록빛이 도는 짙은 갈색. 「고양이와 춤을 SWEET Ver.」 등 4종

라이트 애시 브라운
초록빛이 도는 짙은 금발. 「WUD 017」 등 3종

올리브 브라운
초록빛이 도는 갈색. 「ver. 02CM」

코퍼 브라운
밝고 붉은빛이 도는 갈색. 세키구치 momoko 갈색 머리에 많은 색. 「WUD 007」 등 21종.

라이트 코퍼 브라운
옅은 코퍼 브라운. 「ver. 02SP」 등 4종

샴페인 브라운
회색빛이 도는 옅은 갈색. 「Lady Long Legs」 등 5종

골든 브라운
붉은 느낌이 강한 갈색 금발. 「초봄의 마리나」 등 4종

허니 브라운
밝은 갈색 금발. 선택할 수 있는 momoko에서 가장 인기 있는 헤어 컬러. 「바다와 태양」 등 11종

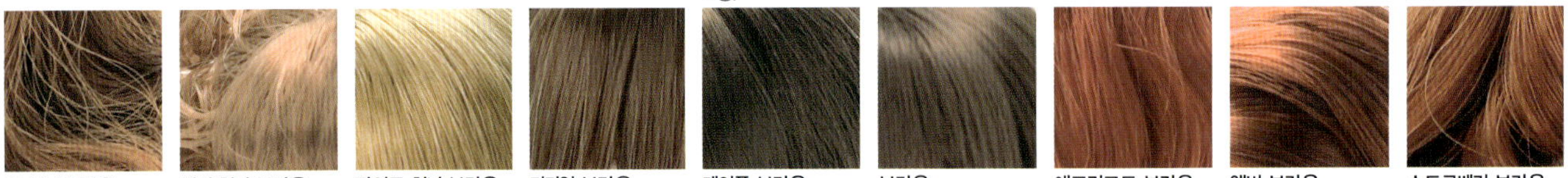

딥 허니 브라운
짙은 허니 브라운. 「가장 사랑하는 데님 엔젤」 등 3종

애시 허니 브라운
약간 탁한 허니 브라운. 「마롱글라세」 등 2종

라이트 허니 브라운
붉은빛이 적은(노란 느낌의) 허니 브라운. 「Today's 1003」 등 3종

미디엄 브라운
광택이 도는 갈색. 「고양이와 춤을 CLEAN Ver.」 등 10종

메이플 브라운
미디엄 브라운보다 조금 밝은 갈색. 「I Wanna Be a BOY」 등 3종

브라운
미디엄 브라운보다 약간 진한 갈색. 「WUD 001」

애프리코트 브라운
탁한 색감의 붉은 오렌지. 「Today's 1508」 등 7종

앰버 브라운
적갈색 느낌의 어두운 오렌지. 「ver. 03 SSor」 등 3종

스트로베리 브라운
옅은 적갈색(자연스러운 붉은 머리). 「Fall in Wild Love」 등 3종

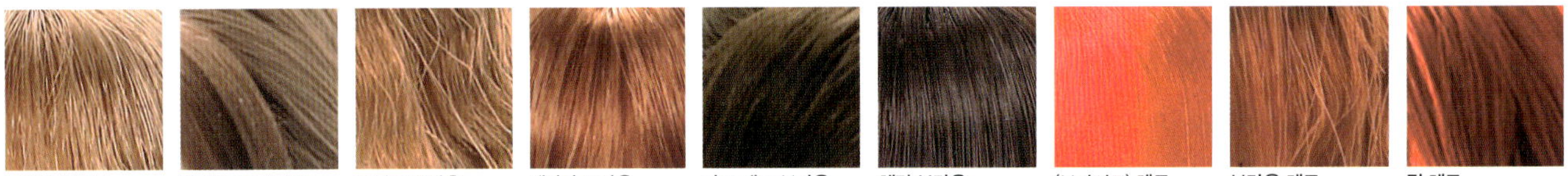

핑키시 브라운
핑크 빛이 도는 옅은 갈색. 「CCS 06AW 너버스 레드」 등 14종

딥 핑키시 브라운
진한 핑키시 브라운. 「모두가 만드는 momoko 2006」

라이트 브라운
옅은 갈색(핑키시 브라운보다 붉은색이 적은 색). 「CCS 10AW Flowerbed Snow」

레디시 브라운
붉은빛이 강한 옅은 갈색. 「선택할 수 있는 momoko 2012 (2.브라운)」

다크 레드 브라운
붉은빛이 강한 탁한 갈색. 「MISS WEEK DAY BITTER Ver.」

체리 브라운
붉은빛과 광택이 도는 불투명한 갈색. 「Beach Rodeo」 등 10종

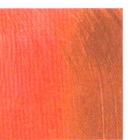

(브라이트) 레드
밝은 빨강. 「심야의 횡단보도 RED ver.」 등 4종

브라운 레드
탁한 느낌의 빨강. 「모두가 만드는 momoko 2007」 등 2종

딥 레드
불투명하고 탁한 빨강. 「선택할 수 있는 momoko 2015 (14.딥 레드)」

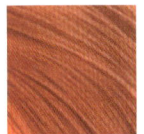

다크 오렌지
탁한 광택이 도는 붉은 오렌지(고동색). 「CCS 2008 BONUS TRACK 오렌지」

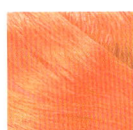

(브라이트) 오렌지
밝은 오렌지 색. 「CCS 06SS 서머 오렌지」 등 3종

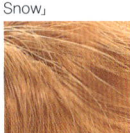

캐러멜 오렌지
연한 갈색 빛이 도는 오렌지 색. 「ae 〈all nurds〉」 등 3종

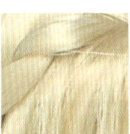

블론드
약간 초록빛이 도는 밝은 금발. 「CCS 09 AW 별과 파파용」 등 12종

페일 블론드
희게 보이는 옅은 금발. momoko 금발 중에서 가장 많은 색. 「Today's 13HB」 등 23종

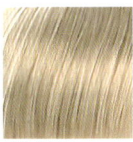

애시 블론드
탁한 광택이 도는 회색 느낌의 금발. 「WUD 015」 등 9종

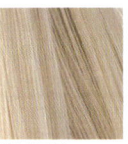

밀키 블론드
광택이 거의 없는 흰색 느낌의 금발. 「CCS Aquarius LAMM」 등 2종

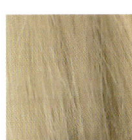

페일 애시 블론드
광택 있는 옅은 애시 브론드. 「CCS 09AW 꽃과 치와와」 등 5종

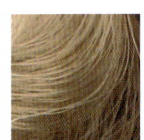

딥 애시 블론드
갈색 빛이 도는 짙은 애시 블론드. 「CCS 15AN」 등 12종

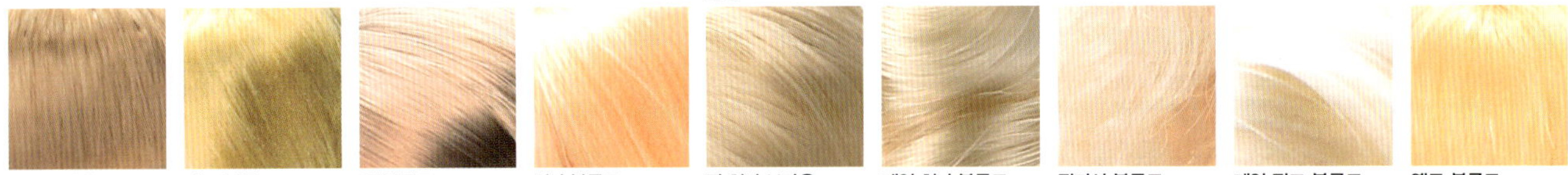

페일 브라운
베이지 계열의 옅은 갈색. 「앤티크 드리밍」 등 9종

다크 블론드
진한 금발. 「Lacy Modernist」 등 2종

딥 블론드
붉은빛이 강한 베이지 계열 금발. 「ae 〈S. T. B.〉 첫사랑」 등 4종

허니 블론드
약간 핑크빛이 도는 노란색 계열 금발. 「선택할 수 있는 momoko 2015 (8.허니 블론드)」

딥 허니 브라운
짙은 허니 블론드. 「블랙 라이딩 후드」 등 2종

페일 허니 블론드
약간 노란빛이 도는 페일 블론드. 「코스모스의 짝사랑」 등 2종

핑키시 블론드
약간 핑크빛이 도는 흰 금발. 「모래의 눈물」 등 7종

페일 핑크 블론드
핑크 빛이 살짝 도는 흰 금발. 페일 블론드로 퇴색되기 쉽다. 「Midnight Rose」

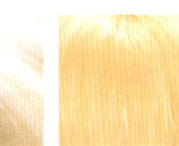

옐로 블론드
오렌지 빛이 도는 투명한 노랑. 「CCS 11 AW Home 금목서」 등 5종

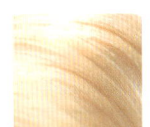

딥 옐로 블론드
짙은 느낌의 옐로 블론드. 「파도의 요람 RIPPLE Ver.」 등 2종

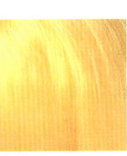

옐로
투명한 느낌의 밝은 노랑. 「CCS 08AN Rainbow yellow」

레몬 블론드
투명한 느낌의 레몬 옐로. 「러블리 포크로어」 등 6종

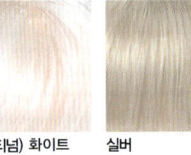

(플래티넘) 화이트
투명한 느낌의 흰색(색감은 없다). 페일 블론드로 퇴색되기 쉽다. 「홀리 나이트」 등 14종

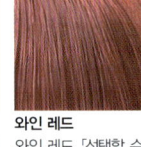

실버
옅은 은발. 노란색 계열로 퇴색되기 쉽다. 「CCS 08SS Tin Girl」 등 6종

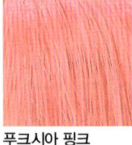

와인 레드
와인 레드. 「선택할 수 있는 momoko 2013 (6.와인 레드)」 등 2종

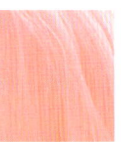

푸크시아 핑크
짙은 핑크. 「CCS momoko Today's 1112」

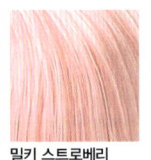

핑크
투명한 느낌의 짙은 핑크. 오렌지 계열 색으로 퇴색되기 쉽다. 「굿 나이트 체리 PW」 등 6종

밀키 스트로베리
밝은 핑크. 「선택할 수 있는 momoko 2015 (15.밀키 스트로베리)」

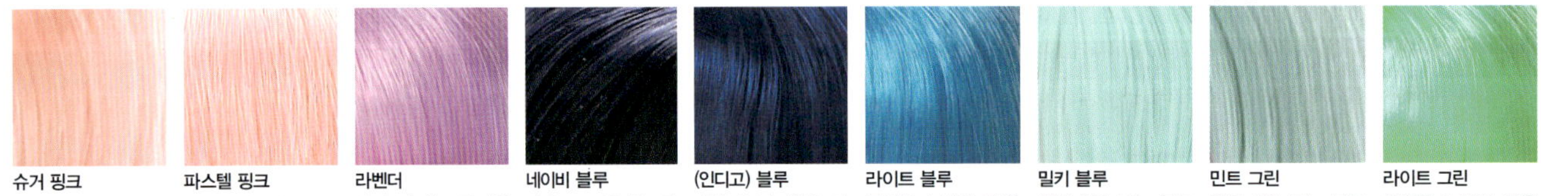

슈거 핑크
투명한 느낌의 옅은 핑크. 「선택할 수 있는 momoko 2015 (16.슈거 핑크)」

파스텔 핑크
흰색 빛이 도는 불투명한 핑크. 「모두가 만드는 momoko 2013」 등 3종

라벤더
붉게 빛나는 투명한 느낌의 연보라. 「CCS 08 AN Rainbow violet」 등 2종

네이비 블루
어둡고 진한 감색. 「모두가 만드는 momoko 2010」 등 3종

(인디고) 블루
네이비보다 밝은 파랑. 「CCS 08AN Rainbow indigo」 등 2종

라이트 블루
투명한 느낌의 옅은 블루. 「CCS 08AN Rainbow blue」 등 2종

밀키 블루
흰색 빛이 도는 불투명한 민트 블루. 「선택할 수 있는 momoko 2015 (19.페일 블루)」

민트 그린
흰색 빛이 도는 불투명한 민트 그린. 「CCS 10 SS Home Mint Jelly」

라이트 그린
투명한 느낌의 밝은 그린. 「CCS 08AN Rainbow green」 등 2종

CHRONICLE

펫웍스 2001-2016, 세키구치 2005-2016

PetWORKs momoko

초대부터 2016년 여름까지
PetWORKs에서 발매된 모델

가격은 소비세 제외, 발매일은 첫 출시
(수주 생산품은 발송일) 기준.

〈항목 표기에 대하여〉

① 페이스 + 보디
② 눈동자 방향(L_왼쪽 / C_정면 /
　R_오른쪽), 눈동자 색,
　속눈썹 개수(↑위 ↓아래 ··눈꼬리)
③ 아이섀도 색과 아이라인
④ 블러셔(치크) 컬러
⑤ 입 모양과 컬러
⑥ 페이스 컬러 + 네일
⑦ 헤어 컬러

○ 「DOLLHEAD EXHIBITION 2001」에서
데뷔한 초대 momoko, 복숭아가 그려진 탑
과 사브리나 팬츠를 입은 DH-EX 버전 외
에 momoko 탄생에 힘을 실은 LW Dolls
코디네이트 LW 버전도 있다.

| momoko ver.DHEXs |
| 2001.8.11　￥9,000 |

① 쿨+SAJ ② L_골든 브라운, ↑2
③ 옐로 베이지 ④ 오렌지 계열
⑤ 스마일_샐먼 베이지
⑥ 노멀 피부(핑크 계열) ⑦ 소프트 블랙

DHEXs

DHEXI

○ DHEXI 버전은 페일 브라
운x애시 올리브 브라운 믹
스의 롱 컬러이지만, 페일 브라
운에 약간 초록빛을 띠는 것
도 있다. 2011년에 재발매된
Repro DHEXI는 후자에 가
깝다.

| momoko ver.DHEXI |
| 2001.8.11　￥9,000 |

①~⑥ ver. DHEXs와 동일
⑦ 페일 브라운x애시 올리브 브라운

○ 최초의 선탠 피부와 토요카론 소재
슈퍼 롱 헤어가 매력적이다. 「SUPER
FESTIVAL vol. 22」에서 발매됐다.

| momoko ver.SF22 |
| 2001.10.8　￥12,800 |

① 쿨+SAJ ② L_다크 블루, ↑2
③ 파스텔 블루 ④ 레드 계열
⑤ 스마일_페일 핑크
⑥ 선탠(오렌지 계열)
⑦ 애시 브라운(토요카론)

○ 눈매와 빰에 골드를 더한
메이크업, 부드럽고 광택 있는
울프 커트 헤어가 특징. 초대
momoko 중에서 무척 인기
있는 모델이다.

| momoko ver.01AT |
| 2001.12.10　￥12,800 |

① 쿨+SAJ
② L_카키 그린, ↑2
③ 골드 ④ 레드 계열
⑤ 스마일_핑크 골드
⑥ 노멀(핑크 계열)
⑦ 애시 브라운(토요카론)

(o)

(g)

○ 2001년 말에 PW에서 관련 부서
로 보내온 통칭 「연말 선물 모모코」.
미즈노 준코가 그린 PW 로고가 박
힌 트레이닝복을 착용. XP는 Xmas
Present를 의미.

| momoko ver.01XP |
| 2001.12.25　비매품 |

① 쿨+SAJ
② L_카키 그린, ↑2
③ 골드 ④ 레드 계열
⑤ 스마일_핑크 골드
⑥ 노멀(핑크 계열)
⑦ 핑키시 브라운

○○ 해외의 팬클럽 「Go Go momoko」 기
획, 초대 momoko 메이크업에 헤어스타일만
다르고, 해외 대리점 「R&D Dolls」 한정으
로 일본에서는 50개만 추첨 판매되었다.

| momoko ver.02CM (o/g) |
| 2002.2.27　￥12,800 |

① 쿨+SAJ ② L_골든 브라운, ↑2
③ 옐로 베이지 ④ 오렌지 계열
⑤ 스마일_샐먼 베이지
⑥ 노멀(핑크 계열) ⑦ 올리브 브라운

(gr)　　　(br)　　　(pk)　　　(rd)　　　(bk)

∞ 상큼한 봄 분위기가 나는 셔츠 원피스 5종을 선보였을. pk는 하라 미술
관의 「Hara Documents 7: 완성 미완성…옷 갈아입히는 인형 (모모코 전)」
한정 모델. pk의 헤어는 약간 밝은 색이고 부드럽다.

momoko ver.02SP (gr/br/pk/rd/bk)
pk:2002.5.31, 기타 :6,25　각 ¥14,800

① 쿨+SAJ ② L_골든 브라운. ↑2 ③ 골드 ④ 레드 계열
⑤ 스마일 핑크 골드 ⑥ 노멀(핑크 계열) ⑦ 라이트 코퍼

● 왕년의 여배우 클라라 보우를
본떠 만든 섹시한 복숭아 레이디.
블랙과 레드의 로맨틱한 란제리를
착용했다.

momoko ver.02PL
2002.8.7　¥15,800

① 쿨+SAJ ② L_핫 핑크. ↑2
③ 블루 그레이 ④ 핑크 계열
⑤ 스마일 베이비 핑크
⑥ 미백(2002~2004) ⑦ 핑크

● Korisu Factory
는 레트로 걸리 스타
일이다. 우유 같은 흰
피부에 약간 상기된
빰, 따뜻하고 부드러
운 매력으로 사랑받고
있다.

momoko ver.02KF
2002.8.7　¥15,800

① 쿨+SAJ ② L_오번(적갈색). ↑2
③ 옐로이시 레드 ④ 레드 계열
⑤ 스마일_크란 핑크
⑥ 미백(2002~2004) ⑦ 메이플 브라운

● 락을 좋아하는 여자아
이로 Daisy-D가 만든 리
얼 클로스 착용. 검은색 히
메 커트 스타일에 체리 레
드 컬러의 10홀 부츠를 신
고, 피부색을 살린 누드 메
이크업을 했다.

momoko ver.02DD
2002.8.7　¥15,800

① 쿨+SAJ ② L_다크 브라운
③ 세피아 브라운 ④ –
⑤ 스마일 누드 베이지
⑥ 노멀(핑크 계열) ⑦ 소프트 블랙

● 물광 메이크업과
뻗친 듯한 느낌의 헤
어스타일이 특징. 쿨
Dolls의 momoko는
편안한 스타일이다.

momoko ver.02CD
2002.8.7　¥15,800

① 쿨+SAJ ② L_모기 브라운. ↑2
③ 민트 그린 ④ 오렌지 계열(편광 펄)
⑤ 스마일_페일 오페라 핑크
⑥ 노멀(핑크 계열) ⑦ 허니 브라운x라이트 코퍼

⑴ 페이스 + 보디 ⑵ 눈동자 ↑↓속눈썹 ③ 아이 메이크업 ④ 블러셔 ⑤ 입 ⑥ 피부 + 네일 ⑦ 헤어

(ye)

○○ 「쇼핑 대작전!」의 이미지 걸. 01AT 재판매 요청에 따라 여름에 어울리는 밝은 갈색으로 발매됐다.

momoko ver.02SM (pk/ye)
2002.8.7　각 ¥13,800

① 쿨+SAJ ② L_카키 그린 ↑2 ③ 골드
④ 오렌지 계열 ⑤ 스마일 핑크 골드
⑥ 노멀(핑크 계열) ⑦ 핑키시 브라운

(pk)

○ 패션 브랜드 「FINAL HOME」 콜라보 모델. HOME1 롱코트를 시작으로 FINAL HOME 아이템을 1/6 사이즈로 정밀하게 만들었다. 메이크업은 mod's hair의 카모 카츠야 씨가 담당했다.

FINAL HOME momoko
2002.12.1　¥33,000

① 쿨+SAJ
② L_블랙(오른쪽 눈 아래 점, 눈썹 없음)
③ − ④ − ⑤ 스마일_누드 베이지
⑥ 노멀(핑크 계열) ⑦ 레드 블랙

○ 2002년 연말 선물 momoko는 다음해의 12간지 동물인 '양'을 본떠서 양 갈래로 풍성하게 묶은 머리와 니트 원피스를 코디했다.

momoko ver.02HM
2002.12.15　비매품

① 쿨+SAJ ② L_세피아, ↑2
③ 파스텔 핑크 ④ 핑크 계열
⑤ 스마일_베이비 핑크
⑥ 미백(2002−2004) ⑦ 화이트

bl

or

RD

△ 2003년 SS는 동양이 테마였다. 윤기 나는 머리와 깊은 블루 아이를 가진 오리엔탈 세 자매. 03RD는 해외 대리점 「R&D Dolls」 셀렉트 구성이다.

momoko ver.03SSbl
2003.3.1　¥15,800

① 쿨+SAJ ② L_오리엔탈 블루
③ 세피아 브라운 ④ 브라운 계열
⑤ 스마일 보르도
⑥ 미백(2002−2004)
⑦ 밀키 블론드(토요카론)

momoko ver.03SSor
2003.3.1　¥15,800

① 쿨+DSAJ ② L_오리엔탈 블루
③ 세피아 브라운 ④ 오렌지 계열
⑤ 스마일 클리어 오렌지
⑥ 선탠(오렌지 계열)
⑦ 앰버 오렌지(토요카론)

momoko ver.03RD
2003.3.1　¥15,800

①∼⑥ ver. 03SSbl과 동일
⑦ 레드 블랙(토요카론)

○ 「일하는 여자의 힘」이 키워드인 2주년 모델이다. 정면을 응시하는 눈동자와 쇼트 헤어, 내추럴 메이크업이 꾸미지 않은 듯한 매력으로 사랑받은 momoko.

momoko ver.03AN
2003.8.23　¥15,800

① 쿨+SAJ ② C_마호가니 브라운, ↑2
③ 라이트 브라운 ④ 핑크 계열
⑤ 스마일_클리어 핑크 ⑥ 미백(2002−2004)
⑦ 다크 브라운

momoko ver.03ANsp
2003.8.23　¥33,000

① 쿨+SAJ (왼쪽 어깨 타투) ② C_캐러멜 브라운, ↑2
③ 베이지 브라운(짧은 눈썹) ④ 오렌지 계열
⑤ 얇은 입술 클리어 핑크
⑥ 노멀(핑크 계열) ⑦ 리얼 블랙

○ 호랑이 자수가 놓인 검은 작업복과 등에 새겨진 문신으로 강렬한 느낌이다. 검정색 리젠트 헤어스타일과 실버 액세서리, 가죽 월렛 등이 포함된 스페셜 구성이다.

AN

ANsp

🔵 '기억'을 테마로 어린 시절 외출복을 '현재' 시점으로 리믹스했다. 특별한 날을 위한 외출복.

🔴 2주년 캠페인 경품 모델이다. PS는 헤어 컬러인 Peach Sherbet의 약자.

momoko ver.03PS
2003.8.23　비매품

① 쿨+SAJ ② L_다크 블루, ↑2
③ 파스텔 블루 ④ 레드 계열
⑤ 스마일_페일 핑크
⑥ 선탠(오렌지 계열) ⑦ 핑크x옐로 블론드

nv　　　yl

🔵 A 라인 미니 원피스를 차려 입었다. 외출할 때는 케이프와 머프(muff: 토시)도 잊지 말자.

momoko ver.03AWnv
2003.10.31　¥15,800

① 쿨+SAJ ② C_블루 그레이, ↑2
③ 화이트 펄 ④ 레드 계열
⑤ 얇은 입술_브라이트 레드
⑥ 노멀(핑크 계열) ⑦ 소프트 블랙

momoko ver.03AWyl
2003.10.31　¥15,800

① 쿨+SAJ ② L_웜 그레이, ↑2
③ 화이트 펄 ④ 화이트 펄
⑤ 얇은 입술_클리어 오렌지
⑥ 노멀(핑크 계열) ⑦ 소프트 블랙

🔴 화이트 블론드 헤어와 푸른 눈동자로 추위를 즐기는 북유럽 소녀의 이미지를 표현했다.

md　　　mdb

🔵 md는 PW 직판의 부정기 「momoko당」 한정이고 mdb는 해외 대리점 「R&D Dolls」 한정이다.

🔵 패션 브랜드 「ROUROU」 2003 AW 컬렉션을 1/6 사이즈로 재현했다. 끝이 가늘어지게 땋은 머리와 주근깨를 섬세하게 표현했다.

momoko ver.04NY
2003.12.9　¥15,800

① 쿨+SAJ
② C_라이트 블루 그레이, ↑2
③ 화이트 펄 ④ 화이트 펄
⑤ 스마일_클리어 핑크
⑥ 미백(2002~2004)
⑦ 페일 블론드

momoko ver.03DF
2003.12.23　¥14,286

① 쿨+SAJ ② L_오리엔탈 블루
③ 세피아 브라운 ④ 오렌지 계열
⑤ 스마일_클리어 오렌지
⑥ 선탠(오렌지 계열)
⑦ 페일 애시 블론드

momoko ver.0401md (04MD)
2004.1.31　¥14,286

① 쿨+SAJ ② L_오리엔탈 블루
③ 라이트 브라운 ④ 브라운 계열
⑤ 스마일_코랄 핑크 골드
⑥ 미백(2002~2004)
⑦ 라이트 코퍼x페일 애시 블론드

momoko ver.0401mdb
2004.3.7　US$165

①~⑥ ver. 0401md(04MD)와 동일
⑦ 핑키시 브라운x페일 애시 블론드

🔴 「돈 페스타 vol. 8」 한정 제품 첫 Today's momoko이기도 하다. 0366or 페이스에 규반 구성이다.

ROUROUmomoko
연꽃 나라의 앨리스
2004.1.18　¥28,000

① 쿨+SAJ ② C_마호가니 브라운 ③ 라이트 브라운
④ 오렌지 계열+수근깨 ⑤ 스마일_클리어 오렌지
⑥ 미백(2002~2004) ⑦ 소프트 블랙

①페이스＋보디 ②눈동자 ③속눈썹 ④아이 메이크업 ⑤블러셔 ⑥입 ⑦피부＋네일 ⑧헤어

○○ 「록본기 클로싱: 일본의 새로운 전망 2004 전」 하치야 카즈히코 코디네이트 모델이다. RXa는 코믹 마켓에서 가끔 볼 수 있는 귀여운 아이 느낌. RXb는 유럽 영화에 나올 법한 이미지 (왼쪽 어깨 타투)이다.

○ 「doll vol. 11」 한정 Today's momoko. 아프로 스타일 곱슬머리가 펑키한 느낌을 준다.

○ 아트 샵 「NADiff」 한정 Today's momoko이다. 샵 직원처럼 로고가 들어간 앞치마를 착용했다.

momoko ver.04RXa
2004.2.4 ¥15,800

① 쿨+SAJ ② L_웜 그레이, ↑2
③ 화이트 펄 ④ 화이트 펄
⑤ 스마일 클리어 핑크
⑥ 노멀(핑크 계열) ⑦ 라이트 코퍼

momoko ver.04RXb
2004.2.4 ¥15,800

① 쿨+SAJ (왼쪽 어깨 타투)
② C_블루 그레이, ↑2 ③ 화이트 펄
④ 레드 계열 ⑤ 스마일_샐먼 베이지
⑥ 노멀(핑크 계열) ⑦ 레드

momoko ver.04ID
2004.2.29 ¥14,286

① 쿨+SAJ ② L_다크 블루
③ 파스텔 블루 ④ -
⑤ 스마일_클리어 오렌지
⑥ 선탠(오렌지 계열) ⑦ 마호가니 브라운

momoko ver.04NF
2004.3.27 ¥15,800

① 쿨+SAJ ② L_핫 핑크, ↑2 ③ 블루 그레이
④ 핑크 계열 ⑤ 스마일_베이비 핑크
⑥ 미백(2002~2004) ⑦ 핑크

○ 2004년 SS 테마는 해피 아웃사이더! 눈부신 허니 레몬 헤어에 핑크 캡을 썼다.

○ 비터 초콜릿 색의 웨이브 있는 샤기 스타일 헤어에 보라색 캡을 썼다. 이벤트 회장, momoko 온라인 샵 한정이다.

○ 밀크티 컬러의 루즈 헤어스타일에 캔디 핑크 입술이 특징. 이벤트 회장, momoko 온라인 샵 한정이다.

○ 우아한 분위기를 풍기는 캐러멜 케이크 컬러의 양 갈래 머리를 했다.

momoko ver.04SShl
2004.4.28 ¥15,800

① 쿨+SAJ ② C_차콜 그레이
③ 베이지 ④ 오렌지 계열 ⑤ 스마일_누드 베이지
⑥ 노멀(핑크 계열) ⑦ 옐로 블론드

momoko ver.04SSbc
2004.4.28 ¥15,800

① 쿨+CoCo
②~⑥ ver. 04SShl과 동일
⑦ 마호가니 브라운

momoko ver.04SScc
2004.4.28 ¥15,800

① 쿨+SAJ ② L_그레이시 브라운 ③ -
④ 레드 계열 ⑤ 스마일_베이지 핑크
⑥ 노멀(핑크 계열) ⑦ 라이트 코퍼

momoko ver.04SSmt
2004.4.28 ¥15,800

① 쿨+CoCo ② L_그레이시 브라운
③ - ④ 레드 계열 ⑤ 오버 립_캔디 핑크
⑥ 노멀(핑크 계열) ⑦ 페일 브라운

◀ 돌, 피규어 전문점「로보☆크리스」한정 Today's momoko이다. 각기 다른 의상의 4종이 동시 발매되었다.

(a)

(b)

(c)

(d)

◀「DOLL SHOW 12」한정 Today's momoko. 옷은 04SScc와 같다. 짧은 앞머리와 클리어 핑크 입술이 달콤한 분위기를 연출한다.

R&D x momoko

▶ 해외 대리점「R&D Dolls」콜라보레이션 모델로 해외 한정이다.

momoko ver.04DS
2004.4.29 ￥14,286

① 쿨+CoCo ② C_블루 그레이, ↑2
③ 화이트 펄 ④ 레드 계열
⑤ 오버 립_클리어 핑크
⑥ 노멀(핑크 계열) ⑦ 소프트 블랙

ROBO☆CHRIS momoko (a～d)
2004.6.28 각 ￥14,286

① 쿨+SAJ ② C_마호가니 브라운, ↑2 ③ 라이트 브라운 ④ 핑크 계열
⑤ 스마일_클리어 핑크 ⑥ 미백(2002~2004) ⑦ 골든 브라운

R&D x momoko Goth Girl
2004.7.12 US$185

① 쿨+SUSIE ② L_다크 그린, ↑2
③ 자주 ④ 레드 계열
⑤ 스마일_샐먼 베이지 ⑥ 미백(2002~2004)
⑦ 소프트 블랙

◀「아존 인터내셔널」콜라보레이션 모델이다. 커야이 차이나 의상 세트와「Jelly Beans Generation」제작 걸(girl) 의상 1점 추가 구성이다. 미백 피부 SAJ를 사용했다.

◀ 이 역시 아존 콜라보레이션 모델이다. 잽 아오자이 의상 세트와「S. C. Ramble」제작 걸(girl) 의상 1점 추가 구성이다. 미백 피부 DSAJ를 사용했다.

Jelly Beans Generation momoko
2004.7.24 ￥19,048

① 쿨+SAJ ② C_블루 그레이 ↑2 ③ 화이트 펄
④ 레드 계열 ⑤ 스마일_캔디 핑크
⑥ 노멀(핑크 계열) ⑦ 소프트 블랙

S.C.Ramble momoko
2004.7.24 ￥19,048

① 쿨 + DSAJ ②～⑦ Jelly Beans Generation momoko와 동일

Holly COLUMN 「PetWOKRs momoko 약칭 해설」

발매 시기, 이벤트 명칭, 컬러 등의 약칭

2001～2004년 momoko와 2005년 이후 CCS와 Today's momoko 이름에 포함된「DHEX」「16AN」「PS」등의 숫자와 알파벳은 발매 시기와 이벤트 명칭, 컬러 등의 약칭이다.

CCS:「16SS」= 발매연도(앞 2자리) + 시즌 약자
Today's:「1608」= 발매연월(연도는 앞 2자리 + 월은 뒤 2자리)

SS	Spring/Summer 봄여름	NY	New Year 새해 (12 월~1 월경)
AW	Autumn/Winter 가을겨울	AN	Anniversary momoko 탄생 월 (8 월경)
SP	Spring 봄	HB	Happy Box/Happy Bag 복주머니
SM	Summer 여름		
AT	Autumn 가을		

헤어스타일과 컬러, 테마 컬러, 한정 발매 장소 등의 약칭

CCS, Today's 모델 약칭 4자리 뒤에 붙는「st」와「BL」등은 헤어스타일과 컬러, 테마 컬러, 한정 발매 장소 등을 표시한다.

헤어스타일

s, st Short 쇼트 헤어
l, lg Long 롱 헤어

헤어 컬러, 테마 컬러

br	Brown 브라운	yl, ye	Yellow 노랑
bk	Black 블랙	rd	Red 빨강
bl	Blonde 블론드	wh	White 흰색
o, or	Orange 오렌지	nv	Navy 네이비
pk	Pink 핑크		
g, gr	Green or Gray 녹색 / 그레이		

발매 장소, 이벤트

PS PetWORKs Store
DS Doll Show

발매 이벤트 명칭과 특별 룰에 대한 약칭

2001～2004년 momoko에는 발매 이벤트 명칭과 특별 룰에 대해 명시된 것도 있다.

DHEX	DOLLHEAD EXHIBITION(momoko 가 데뷔한 이벤트 이름)
SF22	SUPER FESTIVAL vol.22(슈퍼 페스티벌 vol. 22)
01XP	Xmas Present(Windows XP 발매 시기이기도 함)
02CM	Club Momoko(해외 팬클럽 기획)
02HM	Hitsuji Momoko(2002 년 12 지간「양」)
03RD, 04RD	R&D Dolls(해외 대리점「R&D」한정)
03PS	Peach Sherbet(피치 셔벗 헤어 컬러)
03DF	Doll Festa(돌 페스타)
0401md	Momoko Dou(PW 직영점「momoko당」)
04RX	Roppongi Xing(「롯폰기 크로싱 전」)
04ID	I Doll(아이돌)
04NF	Nadif(아트 샵「나디프」)
04ANlw	LW Dolls(LW Dolls 콜라보레이션 모델)
04DAsw	Doll Avenue Short White(「C3 돌 애비뉴」쇼트 흰 옷)
04DAtw/tb	Doll Avenue Two-tail White/Black (「C3 돌 애비뉴」투 테일, 흰 옷 / 검은 옷)
04CM	Chara depa Mia(카라데파 Mia)

①페이스＋보디 ②눈동자 ↑↓속눈썹 ③아이 메이크업 ④블러셔 ⑤입 ⑥피부＋네일 ⑦헤어

○ 초대 momoko 탄생에 기여한 LW DOLLS 콜라보레이션 모델이다. DHEXI의 페이스가 프린트된 탑과 눈동 자 컬러엔 LW DOLLS가 momoko를 생각하는 마음이 담겨있다. 헤어는 부드 러운 카네카론 소재다.

momoko ver.04ANlw
2004.8.11 ¥15,800

① 쿨+CoCo ② L_골든 브라운
③ 시나몬 브라운 ④ 오렌지 계열
⑤ 스마일 클리어 오렌지
⑥ 노멀(핑크 계열)
⑦ 미디엄 브라운(카네카론)

▷ 펑크 느낌을 가미한 소녀. 흰 니트와 핑크 체크 스커트 의 pk. 검은 니트와 노란 체 크 스커트의 yl 2종류다.

momoko ver.04AN (pk/yl)
2004.8.11 각 ¥15,800

① 쿨+CoCo ② L_웜 그레이, ↑2
③ 화이트 펄 ④ 화이트 펄
⑤ 오버 립_클리어 핑크 ⑥ 노멀(핑크 계열)
⑦ 소프트 블랙x마호가니 브라운

(pk)   (yl)

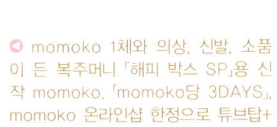

○ momoko 1체와 의상, 신발, 소품 이 든 복주머니 「해피 박스 SP,용 신 작 momoko, 「momoko당 3DAYS」, momoko 온라인샵 한정으로 튜브탑+ 팬츠 구성이다.

momoko ver.04HB
2004.8.21 ¥14,268(복주머니)

① 쿨+SAJ ② C_차콜 그레이
③ 시나몬 브라운 ④ 레드 계열
⑤ 오버 립_코랄 레드 ⑥ 노멀(핑크 계열)
⑦ 골든 브라운

momoko ver.04HByl
2004.8.21 ¥14,268(복주머니)

① 쿨+SAJ ② L_다크 블루
③ 파스텔 블루 –
⑤ 스마일_클리어 오렌지
⑥ 선탠(오렌지 계열) ⑦ 옐로 블론드

yl   pk

momoko ver.04HBpk
2004.8.21 ¥14,268(복주머니)

①～⑥ ver. 04HByl과 동일
⑦ 밀키 스트로베리x옐로 블론드

○ 「캐러하비 2004 돌 애비뉴」와 아존 한정 To day's momoko로, 섬 세한 레이스가 달린 로 리타 패션에 도전했다. 04DAtw만 「momoko 온라인샵」 한정이다.

momoko ver.04DAsw
2004.8.22 ¥15,238

① 쿨+SAJ
② C_블루 그레이, ↑2
③ 화이트 펄 ④ 레드 계열
⑤ 스마일_클리어 레드
⑥ 노멀(핑크 계열)
⑦ 소프트 블랙

(tb)   (tw)

momoko ver.04DA (tb/tw)
2004.8.22 각 ¥15,238

① 쿨+SAJ ② L_웜 그레이, ↑2
③ 화이트 펄 ④ 화이트 펄
⑤ 스마일_베이지 핑크
⑥ 노멀(핑크 계열)
⑦ 소프트 블랙x마호가니 브라운

☞ 캐릭터 상품 통신판매지 「캬라테파 mia」에 실린 Today's momoko이다. 03 AWnv 의 상에 흰색 U-팁 슈즈를 신었다.

(tma)　　　(tmb)

☞ 해외 대리점 「R&D Dolls」 한정 Today's momoko로 해외 한정. tma/tmb에서 a 는 auburn(적갈색) 헤어, b는 brown(갈색) 헤어를 표시한다.

Holly COLUMN 「헤어를 깔끔하게 유지하려면」

momoko 구입 시 헤어에 씌어져 있는 폴리 슬리브(비닐 캡)는 제거하지 않는다. 출하 시에 헤어가 헝클어지고 뜨거나 앞머리가 갈라지지 않도록 하는 역할을 하기 때문이다. momoko를 보관할 때는 가능한 한 폴리 슬리브를 원래대로 씌워두면 깔끔한 헤어스타일을 유지할 수 있다.

☞ 폴리 슬리브를 잃어버렸을 때는 같은 크기의 PP 비닐(신발을 담는 봉투가 좋다)을 약 1.5cm 폭으로 잘라서 머리에 두르고 마스킹테이프 등으로 붙이면 OK.

---

momoko ver.04CM
2004.8.25　¥14,268

① 쿨+CoCo ② L_웜 그레이, ↑2
③ 시나몬 브라운 ④ 핑크 계열
⑤ 스마일_클리어 핑크
⑥ 노멀(핑크 계열) ⑦ 라이트 코퍼

04RD–Today's momoko 04RD(tma/tmb)
2004.9.7　각 US$165

① 쿨+SUSIE ② L_아쿠아 그린, ↑2 ③ 라이트 브라운 ④ 핑크 계열
⑤ 스마일_베이비 핑크 ⑥ 미백(2002–2004) ⑦ tma: 핑키시 브라운 / tmb: 다크 브라운

(Red)　　　(Khaki)

☞☞ CCS 첫 컬렉션은 Shop CCS(직판 부정기 샵)와 일부 판매점에서 수주 판매했다. '레드' 는 빨간 캐미솔+짙은 녹색 하의, '카키'는 카키색 캐미솔+옅은 갈색 하의 구성이다(초기 샘플은 하의 컬러가 달랐다).

White　　　Orange

☞☞☞ 바람에 날리는 포니테일에 레이온 니트 블라우스와 팬츠, 오렌지x골드 티어드롭 선글라스 구성이다. 최초로 네일 도장을 했다. 2005년 이후 선탄 피부는 세키구치 바디 컬러에 맞춰, 붉은 기가 없는 갈색 계열로 바뀌었다.

CCS-momoko 05AW Victorian Nature (Red/Khaki)
2005.12.23　각 ¥18,095

① 쿨+MB01 ① L_그레이시 블루 ② ③ 피치 베이지
④ 레드 계열 ⑤ 스마일_페일 핑크 베이지(세미 글로스) ⑥ 내추럴
⑦ 레드: 앰버 오렌지(타요카론) / 카키: 핑키시 블론드(타요카론)

CCS-momoko 06SS White Hazy Wind Cool White/쿨 화이트
2006.7.14　¥18,095

① 쿨+MB01 ② L_세피아, ↑2
③ 누드 베이지 ④ 오렌지 계열
⑤ 스마일_클리어 오렌지
⑥ 내추럴+클리어 오렌지 ⑦ 화이트

CCS-momoko 06SS White Hazy Wind Summer Orange/서머 오렌지
2006.7.14　¥18,095

①x2x5 쿨 화이트와 동일
① 티어드 오쿠 ④ 기드 게열
⑥ 선탄+클리어 오렌지 ⑦ 오렌지

---

① 페이스+보디 ② 눈동자, ↑ 속눈썹 ③ 아이 메이크업 ④ 블러셔 ⑤ 입 ⑥ 피부+네일 ⑦ 헤어

○ 스쿨 걸 스타일에 어른스러움(엘레강스)과 아이(악취미) 같은 분위기를 믹스했다. CCS로는 첫 번째 미백 피부.

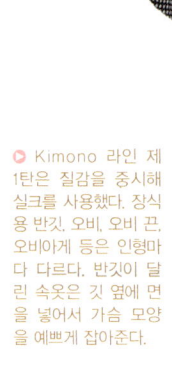

● 2013년에 열린 『2005-2007년 CCS-momoko 인기투표』 1위. Today's 구성으로 돌만 재판매했다. Today's 버전보다 블러셔의 위치가 낮고 헤어가 짧은 것이 많다.

● Kimono 라인 제1탄은 질감을 중시해 실크를 사용했다. 장식용 반깃, 오비, 오비 끈, 오비아게 등은 인형마다 다르다. 반깃이 달린 속옷은 깃 옆에 면을 넣어서 가슴 모양을 예쁘게 잡아준다.

CCS-momoko 06AW
Odd Girl Out
Sweet Chocolate/스위트 초코
2006.11.5   ￥18,095

① 쿨+MB01 ② L_다크 그린, ↑2
③ 시나몬 베이지 ④ 핑크 계열
⑤ 스마일_베이비 핑크 ⑥ 미백+라이트 핑크
⑦ 소프트 블랙

CCS-momoko 06AW
Odd Girl Out
Nervous Red/너버스 레드
2006.11.5   ￥18,095

① 쿨+MB01 ② L_라이트 그린, ↑2
③ 피치 베이지 ④ 레드 계열
⑤ 오버 립 레드(매트)
⑥ 내추럴+라이트 핑크 ⑦ 핑키시 브라운

CCS-momoko 06AW Kimono
Black Polka Dot/검정 도트
2006.11.5   ￥28,571

①~⑤ 너버스 레드와 동일
⑥ 내추럴+클리어 오렌지 ⑦ 소프트 블랙

CCS-momoko 06AW Kimono
Checkered Cherry/체크무늬 체리
2006.11.5   ￥28,571

①~⑥ 검정 도트와 동일
⑦ 핑키시 브라운x딥 애시 블론드

●● momoko 2종, 마메 momoko 3종, 의상, 신발, 소품 7종의 총 12가지 아이템으로 구성된 복주머니 『2006 보너스 트랙,용 신작, '블랙'은 06SS 서머 오렌지 페이스, '레드'는 쿨 화이트 페이스다.

●● 천진난만한 표정의 란제리풍 SS 컬렉션. 블랙 팬서는 『2005-2007년 CCS 인기투표』에서 3위를 차지한 인기 모델이다.

CCS-momoko 2006
BONUS TRACK Black
2006.12.8   ￥23,810 (복주머니)

① 쿨+MB01 ② L_세피아, ↑2
③ 라이트 블루 ④ 레드 계열
⑤ 스마일_클리어 오렌지
⑥ 선탠+클리어 오렌지 ⑦ 리얼 블랙(토요카론)

CCS-momoko 2006
BONUS TRACK Red
2006.12.8   ￥23,810 (복주머니)

①⑤ BONUS TRACK 블랙과 동일
③ 누드 베이지 ④ 오렌지 계열
⑥ 내추럴+클리어 오렌지
⑦ 앰버 오렌지(토요카론)

CCS-momoko 07SS
Sunny Lingerie
Black Panther/블랙 팬서
2007.7.16   ￥18,095

① 쿨+MB01 ② L_올리브 브라운, ↑2
③ 펄 핑크+로즈 골드 그라데이션
④ 레드 계열 ⑤ 오버 립_로즈 핑크
⑥ 선탠+누드 핑크 ⑦ 소프트 블랙

CCS-momoko 07SS
Sunny Lingerie
White Lion/화이트 라이온
2007.7.16   ￥18,095

① 쿨+MB01 ② L_딥 그린, ↑2
③ 페일 그란+페일 그린 그라데이션
④ - ⑤ 오버 립_페일 플럼
⑥ 미백+라이트 핑크 ⑦ 소프트 블랙

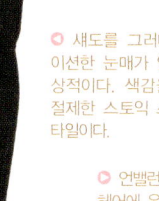

◐ 달콤하고 부드러운 파스텔 컬러와 시원한 레이스 오비로 달콤한 분위기를 풍기는 「밀크 빙수」이다.

◑ 모노톤에 비비드한 핑크 오비를 두른 쿨한 느낌의 「흑설탕 우뭇가사리 젤리」이다.

◑ 섀도를 그렸는데 이션한 눈매가 인상적이다. 색감을 절제한 스토익 스타일이다.

◑ 언밸런스 보브 헤어에 우아한 자두색 입술을 가진 신비하고 개성 넘치는 momoko.

CCS-momoko 07SS Yukata
Milk Chipped Ice/밀크 빙수
2007.8.24 ¥18,095

① 쿨+MB01 ② C_다크 그레이, ⇅2
③ 피치 핑크 ④ 핑크 계열 ⑤ 스마일_코발 오렌시
⑥ 미백+라이트 핑크 ⑦ 블론드

CCS-momoko 07SS Yukata
Black Honey Agar/
흑설탕 우뭇가사리 젤리
2007.8.24 ¥18,095

①②⑥ 밀크 빙수와 동일
③ 글리어 핑크 베이지 ④ 레드 계열
⑤ 스마일_로즈 레드 ⑦ 리얼 블랙

CCS-momoko 07AW
Follow My Back
Stoic Gloss/스토익 글로스
2007.12.1 ¥18,095

① 쿨+MB01 ② C_라이트 블루 그레이, ⇅2
③ 라이트 그레이+라이트 그레이 그레데이션 (오른쪽 눈 아래 점) ④ – ⑤ 오버 립_코랄 핑크
⑥ 내추럴/페일 핑크 ⑦ 마효가│브라운

CCS-momoko 07AW
Follow My Back
Deep Plum/딥 플럼
2007.12.1 ¥18,095

①~② 스토익 글로스와 동일
③ 세피아 브라운 그레데이션
④ 브라운 계열 ⑤ 오버 립_플럼(세미 글로스)
⑥ 내추럴+딥 플럼 ⑦ 다크 블론드

Soft Black

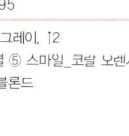

◐momoko 1종, 마메 momoko 1종. 의상, 신발, 소품 4종의 총 6가지 아이템이 든 복주머니 「2008 보너스 트랙」. 05AW 페이스에 헤어 컬러가 다른 9종이 있다. 미디엄 브라운, 딥 허니 블론드는 흔한 편이고 나머지는 희소한 편이다.

CCS-momoko 2008
BONUS TRACK
2008.1.27 각 ¥19,047(복주머니)

9종 모두 ① 쿨+MB01
② L_그레이시 블루, ⇅2
③ 피치 베이지 ④ 레드 계열
⑤ 스마일_페일 핑크 베이지(세미 글로스)
⑥ 내추빌 ⑦ 섹션의 이름

Real Black

Cherry Brown

Medium Brown

Deep Honey Blonde

Pale Blonde

Dark Orange

Pastel Pink

Red

①페이스+보디 ②눈동자 ⇅속눈썹 ③아이 메이크업 ④블러셔 ⑤입 ⑥피부+네일 ⑦헤어

⊙ 7주년 기념 모델 「오즈의 마법사」 시리즈 중 양철 소녀.

⊙ 「오즈의 마법사」 시리즈 중 겁쟁이 사자. 캐미솔 안에 탑 팬츠를 입었다.

CCS-momoko 08SS
The Wonderful Wizard of Oz   Tin Girl
2008.6.28　¥18,095

① 쿨+MB01 ② L_크림 옐로, ↑2
③ 세피아 브라운 ④ 레드 계열
⑤ 스마일_브라이트 레드
⑥ 내추럴+실버 ⑦ 실버

CCS-momoko 08SS
The Wonderful Wizard of Oz   Cowardly Lion
2008.6.28　¥18,095

①②④ 양철 소녀와 동일
③ 브라운 베이지
⑤ 스마일_페일 핑크 베이지
⑥ 내추럴+페일 핑크 ⑦ 애시 블론드

⊙ 「오즈의 마법사」 시리즈 중 도로시. 7주년 기념으로 7가지 색 무지개로 니트 드레스를 만들었다.

CCS-momoko 08SS
The Wonderful Wizard of Oz   Dorothy
2008.8.8　¥18,095

① 쿨+MB01 ② L_크림 베이지, ↑2
③ 피치 베이지 ④ 핑크 계열 ⑤ 오버 립_클리어 핑크
⑥ 내추럴+클리어 핑크 ⑦ 미디엄 브라운

CCS-momoko 08SS
The Wonderful Wizard of Oz
Over The Rainbow
2008.8.31　¥74,073(7종 세트)

7종 모두 ①~⑥ 도로시와 동일
⑦ 각각의 이름

Violet

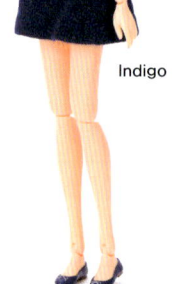
Indigo

Blue

Green

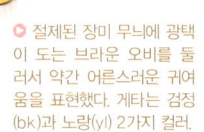
Yellow

Orange

⊙⊙ 7주년 이벤트 「momoko 7」 기념으로 가슴 설레는 7가지 무지개 색을 준비했다. 7가지 모두 세트로 소비세 포함 77,777엔에 추첨을 통해 판매.

Red

⊙ 절제된 장미 무늬에 광택이 도는 브라운 오비를 둘러서 약간 어른스러운 귀여움을 표현했다. 게타는 검정(bk)과 노랑(yl) 2가지 컬러.

Rose Chocolat (yl)

CCS-momoko 08SS Yukata
Rose Chocolat／로즈 쇼콜라 (bk/yl)
2008.7.29　각 ¥18,095

① 쿨+MB01 ② C_라이트 그레이, ↑2 ③ 피치 베이지
④ 핑크 계열 ⑤ 오버 립_페일 플럼 ⑥ 미백+클리어 핑크
⑦ 마호가니 브라운

CCS-momoko 08SS Yukata
Petit Macaron／쁘띠 마카롱 (bk/rd)
2008.7.29　각 ¥18,095

①③④⑥ 로즈 쇼콜라와 동일 ② L_웜 그레이, ↑2
⑤ 스마일_코랄 핑크 ⑦ 코퍼 브라운

Petit Macaron (rd)

Petit Chocolat

⊙ 마카롱 형태의 물방울무늬에 해바라기 레이스 오비를 둘러서 활기차고 귀엽다. 게타는 검정(bk)과 빨강(rd) 2가지 컬러.

⊙ 「momoko 7」 전시회장 한정. 로즈 쇼콜라 페이스에 쁘띠 마카롱 헤어를 조합했다.

CCS-momoko 08SS
Yukata Petit Chocolat／
쁘띠 쇼콜라
2008.8.8　¥18,095

①~⑦ 로즈 쇼콜라와 동일

◀◀ 뒤쪽에 리본과 프릴을 단 우아한 슈트는 「오데코짱과 니키」 의상과 같은 디자인이다.

▶ 니트 판초는 amam fwawa(마나베 나미에와 니트 디자이너 카사마 아야가 제안한 기모노 니트웨어 브랜드)의 1/6 사이즈.

▶ 시원하게 이마를 드러낸 노뱅 보브 스타일로 살짝 볼륨감이 살도록 특별히 식모되었다.

CCS-momoko 08AW
Fluffy Baby Honey/허니
2008.12.22 ¥18,095

① 쿨+MB01 ② L_페일 블루, ↑2 ③ 시나몬 베이지
④ 핑크 계열 ⑤ 스마일_페일 플럼
⑥ 미백+클리어 핑크 ⑦ 페일 블론드

CCS-momoko 08AW
Fluffy Baby Carro/캐롯
2008.12.22 ¥18,095

① 쿨+MB01 ② C_페일 블루, ↑2
③ 시나몬 베이지 ④ 레드 계열
⑤ 스마일_클리어 핑크
⑥ 내추럴+클리어 핑크 ⑦ 애프리코트 브라운

CCS-momoko 08AW Kimono
Black Skylark/검은 종달새
2008.12.25 ¥23,810

① 쿨+MB01 ② L_세피아, ↑2 ③ 누드 베이지
④ 레드 계열 ⑤ 스마일_클리어 코랄 레드
⑥ 내추럴+클리어 핑크
⑦ 와인 레드x핑키시 브라운

CCS-momoko 08AW Kimono
Chidori Princess/치도리 공주
2008.12.25 ¥23,810

① 쿨+MB01 ② L_세피아, ↑2 ③ 시나몬 베이지
④ 핑크 계열 ⑤ 스마일_플럼 핑크
⑥ 미백+클리어 핑크 ⑦ 페일 블론드

◀◀ CCS 수주 판매는 아존넷과 아존 직영점에서 실현됐다. 사진처럼 09SS 컬렉션과 CCS-momoko 세트로 코디네이션을 즐길 수 있는 호화 구성이다. 09SS는 영원한 베이식이라 불리는 타탄체크를 베이스로 한 트래디셔널 스타일.

CCS-momoko 09SS BACK TO BASICS White Sand/화이트 샌드
2009.8.4 ¥37,142

① 쿨+MB01 ② L_다크 블루, ↑2 ③ 화이트 펄(오른쪽 눈 아래 섬) ④ 레스 세럴
⑤ 오버 립_페일 코랄 핑크 ⑥ 미백+펄 화이트 ⑦ 페일 애시 블론드x라이트 애시 브라운

CCS-momoko 09SS BACK TO BASICS Noble Punk/노블 펑크
2009.8.4 ¥37,142

① 쿨+MB01 ② C_레디시 브라운, ↑2 ③ 블루 그레이+블루 그레이 그러데이션 ④ 오렌지 계열
⑤ 스마일_페일 코랄 베이지 ⑥ 내추럴+블랙 ⑦ 애프리코트 브라운x다크 브라운

---

① 페이스+보디 ② 눈동자 ↑속눈썹 ③ 아이 메이크업 ④ 블러셔 ⑤ 입 ⑥ 피부+네일 ⑦ 헤어

◑ 당고 머리와 펄이 들어간 입술이 인기를 모았다. 왜 그런지 모두들 '딸기 앙'이 아니라 '찹쌀떡 씨'라고 부른다.

◑ 복고풍으로 안으로 둥글게 만 헤어스타일이 특징 '밤 과자/검은 시루떡」의 유카타와 같은 원단을 썼지만, 안쪽을 겉으로 가게 해서 조금 차분한 느낌을 연출했다.

◑ Amazon 한정이다. 레이스 소재의 헤코 오비는 직접 묶게 되어 있어서 조금 당황할 수도 있다.

◑ 아존 한정으로 「딸기 찹쌀떡」과 같은 메이크업을 했다. 검은 머리에 맞춰서 눈썹을 약간 진하게 조정했다.

CCS-momoko 09SS Yukata Strawberry Daifuku/딸기 찹쌀떡
2009.8.12　¥18,095

① 쿨+MB01 ② L_마호가니 브라운, ↑2
③ 펄 베이지 ④ 핑크 계열 ⑤ 스마일 펄 코랄 핑크
⑥ 내추럴+클리어 핑크(손)/레드(발) ⑦ 체리 브라운

CCS-momoko 09SS Yukata An Donut/팥 도넛
2009.8.12　¥18,095

① 쿨+MB01 ② C_페일 블루, ↑2
③ 다크 그레이 ④ 오렌지 계열
⑤ 스마일 펄 코랄 핑크 ⑥ 마백+누드 핑크
⑦ 캐러멜 오렌지

CCS-momoko 09SS Yukata Chestnut Kanoko/밤 과자
2009.8.25　¥18,095

①~⑤ 팥 도넛과 동일
⑥ 마백+클리어 핑크 ⑦ 레몬 블론드

CCS-momoko 09SS Yukata Black Uiro/검은 시루떡
2009.7.28　¥18,095

①~⑤ 딸기 찹쌀떡과 동일
⑥ 내추럴+누드 핑크 ⑦ 리얼 블랙

◑ 아존 넷, 아존 직영점 수주 판매 세트 제2탄. 샤프한 일자 입술로 어른스러워 보이는 momoko와 신작 사이드 벨트 부츠, 트래킹 스니커즈가 포함된 코디 세트.

◑ 높게 묶은 양 갈래 머리는 원하는 볼륨만큼 빗어주면 된다. 2013년 「2009년 CCS momoko Today's 리퀘스트 투표」에서 1위를 차지했다.

CCS-momoko 09AW PUPPY GARDEN　Flowers and Chihuahua/꽃과 치와와
2009.11.20　¥37,142

① 쿨+MB01 ② L_딥 브라운, ↑2 ③ 브라운 골드+눈시울 골드 ④ 오렌지 계열
⑤ 샤프_내추럴 오렌지 ⑥ 내추럴+애프리콧 오렌지 ⑦ 페일 애시 블론드x다크 브라운

CCS-momoko 09AW PUPPY GARDEN　Stars and Papillon/별과 파피용
2009.12.5　¥37,142

① 쿨+MB01 ② L_옐로 오커, ↑1 ③ 라이트 그레이+블랙 라인 ④ 핑크 계열
⑤ 샤프_코랄 핑크+하이라이트 ⑥ 마백+블러디 레드 ⑦ 블론드

◯ 란제리, 홈웨어로 구성된 「Home」 시리즈 제1탄. 정열적인 빨간 머리, 샴페인 컬러의 란제리가 성숙한 매력을 뽐낸다.

◯ 롤펌을 한 롱 헤어와 페일 컬러 메이크업이 귀엽다.

◯ 「Miniature Lingerie Apartments by momoko DOLL 전」 한정. 앤젤 루비와 동일한 메이크업에 흑단 같은 보브 헤어를 했다.

Angel Ruby

Angel Pearl

◯ Today's 라인 제1탄. PW 직판 부정기 숍 「PetWORKs Lab」과 PW 스토어 한정. 05AW 의상과 실버 펌프스가 포함된 구성.

◯ PetWORKs Lab과 PW 스토어 한정. 1003과 1004는 피부 색만 다르고 같은 메이크업을 했다. CCS 예전 의상 코디가 다른 3종이 등장했다.

CCS-momoko 09AW Home Angel Amber
2009.10.29　¥18,095

① 쿨+MB01 ② L_애시 브라운, ↑2
③ 앰버 골드 ④ 핑크 계열
⑤ 오버 립_다크 레드(세미 글로스)
⑥ 내추럴+레드 ⑦ 브라운 레드

CCS-momoko 09AW Home Angel Ruby/Angel Pearl
2009.10.29　각 ¥18,095

① 쿨+MB01 ② C_라벤더 그레이, ↑2 ③ 화이트 펄 라인
④ 핑크 계열 ⑤ 샤프_라이트 플럼 핑크+하이라이트
⑥ 미백+누드 핑크 ⑦ 루비: 옐로 블론드 / 펄: 소프트 블랙

CCS-momoko Today's 1003
2010.3.6　¥16,190

① 쿨+MB01 ② L_마호가니 브라운, ↑2
③ 페일 핑크 ④ 핑크 계열
⑤ 스마일_페일 오페라 핑크
⑥ 미백 ⑦ 라이트 허니 브라운

CCS-momoko Today's 1004
2010.4.10　¥16,190

①~⑤ Today's 1003과 동일
⑥ 내추럴 ⑦ 체리 브라운

◯ 아존 넷과 아존 직영점 수주 판매 세트 제3탄. '모닝'은 풍성한 속눈썹과 약간 처진 아이라인으로 눈매가 돋보이는 메이크업이 특징이다.

◯ '레이니'는 그레이 톤의 전체 아이라인과 풍성한 아래 속눈썹으로 시원한 눈매를 강조했다. 이때부터 momoko와 드레스 세트를 조합한 '체인지 오더'가 가능했다.

CCS-momoko 10SS DAZZLING WEDDING　Morning Haze
2010.6.25　¥37,142

① 쿨+MB01 ② C_조콜릿, ↑2 ↑8 ③ 라이트 브라운+와이드 펄 그라데이션 ↑나운 화이트 펄
④ 핑크 계열 ⑤ 샤프_프레시 핑크+하이라이트 ⑥ 미백+누드 핑크 ⑦ 페일 블론드×↑기 핑크

CCS-momoko 10SS DAZZLING WEDDING　Rainy Sky
2010.6.25　¥37,142

① 쿨+MB01 ② L_아쿠아 그린, ↑2 ↑8 ↑1 ③ 크림 옐로+눈시울 화이트 펄 ④ 오렌지 계열
⑤ 스마일_샤이니 스모키 핑크+하이라이트 ⑥ 미백+누드 핑크 ⑦ 체리 브라운×다크 브라운

①페이스＋보디 ②눈동자 ↑속눈썹 ③아이 메이크업 ④블러셔 ⑤입 ⑥피부＋네일 ⑦헤어

● 「Alice's Sweets」를 테마로 여름 디저트를 이미지화 한 디자인. '레몬'만 미백 피부이고 '민트'는 PW 스토어 한정이다.

Mint Jelly

Peach Smoothie

Lemon Sorbet

CCS-momoko 10SS Home Peach Smoothie
2010.6.1　¥18,095

① 쿨+MB01 ② C_민트 블루, ↑2
③ 파스텔 핑크+애시 브라운 라인 ④ 핑크 계열
⑤ 샤프_클리어 핑크 ⑥ 내추럴+핑크 ⑦ 핑크

CCS-momoko 10SS Home Lemon Sorbet
2010.6.1　¥18,095

① 쿨+MB01 ② L_페일 블루, ↑2
③ 민트 블루 ④ 핑크 계열 ⑤ 스마일_클리어 핑크
⑥ 미백+핑크 ⑦ 레몬 블론드

CCS-momoko 10SS Home Mint Jelly
2010.6.8　¥18,095

①④⑤ Peach Smoothie와 동일 ② L_핑크, ↑2
③ 페일 옐로 ⑥ 내추럴+민트 ⑦ 민트 그린

Beauty

Lovely

Happy

CCS-momoko 10AN Home Beauty Cat
2010.8.20　¥18,095

① 쿨+MB01 ② L_페일 브라운 오커, ↑2
③ 펄 핑크+눈시울 펄 핑크+애시 브라운 라인
④ 레드 계열 ⑤ 스마일_코랄 핑크
⑥ 미백+클리어 핑크 ⑦ 골든 브라운

CCS-momoko 10AN Home Lovely Cat
2010.8.20　¥18,095

①②④ Beauty Cat과 동일 ③ 펄 핑크 그러데이션
⑤ 스마일_클리어 핑크 ⑥ 내추럴+클리어 핑크
⑦ 라이트 허니 브라운

CCS-momoko 10AN Home Happy Cat
2010.8.8　¥18,095

① 쿨+MB01 ② C_캐러멜 ③ 펄 핑크+웜 그레이 라인
④ 레드 계열 ⑤ 스마일_스모키 페일 핑크
⑥ 선탠+클리어 핑크 ⑦ 체리 브라운

● 테마는 'Stolen My Heart'이다. 선탠 피부로는 최초로 정면 눈동자를 가진 Happy Cat은 「쇼핑 대작전 스페셜」과 PW 스토어 한정.

Sara

Mofu

Airy

● 테마는 '겨울잠'으로 에어리는 돌 전문점 「BIC」 한정이다. 순수한 귀여움으로 높은 인기를 자랑하는 momoko이다.

CCS-momoko 10AW Home SaraSara-chan/사라사라 짱
2010.11.12　¥18,095

① 쿨+MB01 ② C_페일 블루, ↑2
③ 페일 핑크+페일 올리브 라인(오른쪽 눈 아래 점)
④ 핑크 계열 ⑤ 스마일_라벤더 핑크
⑥ 미백+페일 블루 ⑦ 페일 블론드

CCS-momoko 10AW Home MofuMofu-chan/모후모후 짱
2010.11.12　¥18,095

① 쿨+MB01 ② L_페일 오렌지, ↑2
③ 페일 블루 ④ 오렌지 계열
⑤ 샤프_페일 코랄 오렌지
⑥ 미백+페일 핑크 ⑦ 페일 블론드

CCS-momoko 10AW Home Airy-chan/에어리 짱
2010.12.13　¥18,095

① 쿨+MB01 ② L_라이트 그린, ↑2
③ 피치 베이지 ④ 레드 계열
⑤ 오버 립_클리어 핑크
⑥ 내추럴+클리어 핑크 ⑦ 핑키시 브라운

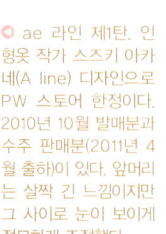

◑ 아존 넷/아존 직영점 수주 판매 세트 제4탄. 살짝 붉은 콧등에 보이는 주근깨가 차밍 포인트이다.

◑ ae 라인 제1탄. 인형옷 작가 스즈키 아카네(A line) 디자인으로 PW 스토어 한정이다. 2010년 10월 발매분과 수주 판매분(2011년 4월 출하)이 있다. 앞머리는 살짝 긴 느낌이지만 그 사이로 눈이 보이게 절묘하게 조절했다.

◑ 2010년 10월에 PetWORKs Lab 〈A line〉 day에 전시된 「환영의 사계」 4종 중 「-봄- 아지랑이」를 PW 스토어에서 추첨 판매. 스즈키 아카네가 직접 의상을 제작했다.

◑ 신작 러버 부츠와 니트 등 총 10가지 아이템이 포함되어 실속 있는 구성이다. 이번에도 momoko를 교체한 CHANGE 버전이 있다.

■ PW-momoko ae 〈A line〉
2010.10.29　¥20,952

① 쿨+MB01 ② L_그레이시 퍼플, ↑2
③ 크림 베이지 ④ 레드 계열
⑤ 샤프_누드 핑크 ⑥ 내추럴+누드 핑크
⑦ 페일 애시 블론드

■ PW-momoko ae 〈A line〉
환영의 사계 - 봄 - 아지랑이
2010.11.1　¥47,619

① 쿨+MB01 ② C_그레이시 그린, ↑2
③ 피치 베이지 ④ 오렌지 계열
⑤ 오버 립_라이트 오렌지 ⑥ 내추럴+누드 오렌지
⑦ 다크 브라운

■ CCS-momoko 10AW
BOTANICAL GIRL
Flowerbed Snow
2010.12.3　¥27,619

① 쿨+MB01 ② L_카키 브라운
③ 화이트 펄+눈시울 화이트 펄
④ 펄 오렌지+주근깨 ⑤ 스마일_코랄 베이지
⑥ 미백+누드 핑크 ⑦ 라이트 브라운

■ CCS-momoko 10AW
BOTANICAL GIRL
Harvest Moon
2010.12.3　¥27,619

① 쿨+MB01 ② C_라이트 블루 그레이 ↑2 ↓8
③ 라이트 브라운+화이트 펄 그라데이션 +눈시울 화이트 펄 ④ 오렌지 계열 ⑤ 샤프_누드 핑크
⑥ 미백+펄 화이트 ⑦ 화이트

◑ 「DOLL SHOW 31」 PW 스토어 한정. 08AW Dorothy와 닮은 눈매에 오렌지 입술을 가졌다.

■ CCS-momoko
Today's 1105Br/1105Bl
2011.5.1　각 ¥16,190

① 쿨+MB01
② L_크림 베이지, ↑2
③ 피치 베이지 ④ 핑크 계열
⑤ 스마일_페일 코랄 오렌지
⑥ 내추럴+클리어 핑크
⑦ Br: 미디엄 브라운 / Bl: 페일 블론드

1105Br　　1105Bl

White

Red

◑ 「IFDC(International Fashion Doll Convention) 2011」 PW 스토어 한정. 거의 같은 메이크업이지만 White에는 전체적으로 펄 느낌이 있다.

■ CCS-momoko
Today's IFDC White/Red
2011.10.6　각 ¥16,190

① 쿨+MB01 ② L_라이트 블루 그레이, ↑2
③ 그라데이션 세피아 브라운
④ White: 브라운 계열+펄 코팅 / Red: 브라운 계열 ⑤ 오버 립_플럼 ⑥ 내추럴+딥 플럼
⑦ White: 화이트×페일 블론드 / Red: 브라운 레드×체리 브라운

①페이스+바디 ②눈동자, ↑↓속눈썹 ③아이 메이크업 ④블러셔 ⑤입 ⑥피부 + 네일 ⑦헤어

◑ 테마는 『Color Love Girls』이다. 귀여운 얼굴로 독을 내뿜는 「검은 딸기」는 PW 스토어 한정이다.

◑◐ 아침엔 잘 못 일어 나지만 정의로운 「밤의 공작」과 눈에 띄길 좋아 하는 「캐러멜 모란」이다. 의상과 신발은 「검은 딸 기」사양 PS 한정 모델 에도 등장.

◑ PW 스토어 수주 한 정お ae 제2탄은 인형옷 작가 세키구치 타에코 (F. L. C.) 디자인이다. 출하 시 헤어 컬이 부 풀어 있는 경향이 있는 데, 손으로 감싸듯 둘 러서 정돈하면 사진처 럼 길이 든다.

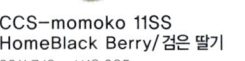

CCS-momoko 11SS HomeBlack Berry/검은 딸기	CCS-momoko 11SS Home Night Peacock/밤의 공작	CCS-momoko 11SS Home Caramel Peony/캐러멜 모란	PW-momoko ae 〈F.L.C.〉
2011.7.13　¥18,095	2011.7.13　¥18,095	2011.7.13　¥18,095	2011.7.25　¥20,952

CCS-momoko 11SS HomeBlack Berry/검은 딸기
2011.7.13　¥18,095
① 쿨+MB01 ② L_초콜릿
③ 펄 핑크+펄 핑크 라인+눈시울 화이트 펄
④ 레드 계열+라이트 펄 코팅
⑤ 샤프_페일 핑크
⑥ 내추럴+피코크 그린
⑦ 푸크시아 핑크x소프트 블랙

CCS-momoko 11SS Home Night Peacock/밤의 공작
2011.7.13　¥18,095
① 쿨+MB01
② C_피코크 그린, ↑2 ↓8
③ 웜 그레이 ④ 레드 계열
⑤ 스마일_베이비 핑크
⑥ 내추럴+페일 핑크 ⑦ 소프트 블랙

CCS-momoko 11SS Home Caramel Peony/캐러멜 모란
2011.7.13　¥18,095
① 쿨+MB01 ② L_피코크 그린, ↑2
③ 캐러멜 ④ 레드 계열
⑤ 스마일_클리어 코랄 핑크
⑥ 내추럴+클리어 핑크 ⑦ 캐러멜 오렌지

PW-momoko ae 〈F.L.C.〉
2011.7.25　¥20,952
① 쿨+MB01 ② L_블루
③ 페일 올리브+눈시울 화이트 펄
④ 오렌지 계열+주근깨
⑤ 샤프_클리어 핑크
⑥ 미백 피부+클리어 핑크
⑦ 핑키시 브라운

◑ 아존 직영점, PW 스 토어 수주 판매 momo ko이다. 역사가 있는 패 션 돌에 대한 존경과 향 수를 담은 모던 스타일. 이때를 시작으로 쿨 페이 스라 부르게 됐다.

CCS-momoko 11SS ETERNAL SWEET HONEY　Ugly Duckling
2011.8.6　¥27,619
① 쿨+MB01 ② L_캐러멜, ↑2 ③ 오렌지 베이지 ④ 레드 계열 ⑤ 스마일_내추럴 핑크
⑥ 내추럴+내추럴 핑크 ⑦ 딥 애시 블론드

◑ momoko 10주년 기 념으로 허니 페이스가 등 장했다. 초대 허니 페이 스인 Princess on the pea는 역대 최고의 인 기 모델이다. momoko를 교체한 CHANGE 버전 도 발매되었다.

CCS-momoko 11SS ETERNAL SWEET HONEY　Princess on the Pea
2011.8.6　¥27,619
① 허니+MB01 ② L_라이트 블루, ↑2 ③ 오렌지 베이지 ④ 레드 계열 ⑤ 다운턴_내추럴 오렌지
⑥ 내추럴+내추럴 오렌지 ⑦ 마호가니 브라운

▶ 「DOLL SHOW 32」, PW 스토어 한정이다. 달콤한 헤어 컬러에 볼륨 있는 롤 컬, 내추럴 메이크업을 했다.

▶ 「바람에 흔들리는 꽃을 테마로 한 클래식 홈드레스. 코스모스 의상을 세트로 만든 PS 버전도 등장했다.

▶ 발랄한 빨간색 깅엄체크가 어울리는 내추럴 피부, PS 버전은 코스모스와 동일한 의상과 신발이다.

▶ PW 스토어 한정. 「DOLL SHOW 32」 전시에서는 팬지가 PW 스토어 한정, 코스모스가 일반 판매되었다.

CCS-momoko Today's 1109
2011.9.11 ¥16,190

① 쿨+MB01 ② C_카키 브라운, ↑2 ③ 베이지
④ 핑크 계열 ⑤ 스마일_라이트 코랄 핑크
⑥ 미백+내추럴 핑크 ⑦ 페일 브라운

CCS-momoko 11AW Home Fragrant Olive/금목서
2011.11.11 ¥18,095

① 허니+MB01 ② L_파우더 블루, ↑2
③ 펄 블루 ④ 핑크 계열
⑤ 다운턴_애프리코트 오렌지
⑥ 미백+애프리코트 오렌지 ⑦ 옐로 블론드

CCS-momoko 11AW Home Pansy/팬지
2011.11.11 ¥18,095

①③④ 금목서와 동일
② L_마롱 브라운, ↑2
⑤ 다운턴_베이비 핑크
⑥ 내추럴+레드 ⑦ 블론드

CCS-momoko 11AW Home Cosmos/코스모스
2011.11.22 ¥18,095

①~③⑥ 팬지와 동일 ④ 레드 계열
⑤ 다운턴_애프리코트 오렌지
⑦ 애프리코트 브라운

▶ KID BLUE의 튜닉 원피스(1/1 여성용) & 베어와 세키구치 타에코 (F. L. C.)가 만든 1/6 튜닉 원피스, 사와다 케이스케의 포인트 메이크업으로 구성된 스페셜 momoko 기프트 박스이다. KID BLUE 오모테산도 점과 니시미야 graces 점에서 한정 판매됐다.

KID BLUE SPECIAL GIFT momoko sewing by F.L.C.
2011.11.16 ¥47,619

① 쿨+MB01
② L_레디시 브라운, ↑2
③ 펄 실버 ④ 레드 계열
⑤ 스마일 클리어 코랄 레드(글로스)
⑥ 내추럴+클리어 핑크 ⑦ 페일 브라운

▶ 10주년 기념으로 초대 momoko 2종의 복각판을 PW 스토어에서 수주 생산했다. 예전의 노멀 피부를 재현하기 위해 특별 컬러 MB01 보디를 사용(일반 컬러보다 파손되기 쉽다). 둘 다 초대보다 머리숱이 많은 편이고, DHEXI는 오리지널 헤어 컬러보다 짙은 편이다.

PW-momoko ae DHEXs Repro DHEXs
2011.12.20 ¥18,095

① 쿨+MB01
② L_골든 브라운, ↑2 ③ 옐로
④ 오렌지 계열 ⑤ 스마일 샐먼 베이지
⑥ 예전 노멀(핑크 계열) ⑦ 소프트 블랙

PW-momoko ae DHEX Repro DHEXI
2011.12.20 ¥18,095

①~⑥ Repro DHEXs와 동일
⑦ 라이트 허니 브라운x애시 올리브 브라운

DHEXs   DHEXI

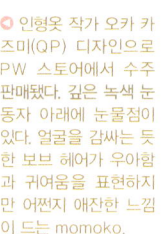

🌸 인형옷 작가 오카 카즈미(QP) 디자인으로 PW 스토어에서 수주 판매됐다. 깊은 녹색 눈동자 아래에 눈물점이 있다. 얼굴을 감싸는 듯한 보브 헤어가 우아함과 귀여움을 표현하지만 어쩐지 애잔한 느낌이 드는 momoko.

🌸🌸 동일본 대지진 복구의 염원이 담긴 특별한 momoko. 변함없는 사랑을 지키는 「가닛(석류석)」, 통찰력을 높이는 「애미시스트(자수정)」 2종의 천연석 액세서리 세트다.

🌸 희망과 사랑을 키우는 「문스톤」, 은 PS 외 한정 판매다.

PW-momoko ae 〈QP〉
2011.12.2　¥20,952

① 쿨+MB01 ② L_포레스트 그린
③ 시나몬 베이지(오른쪽 눈 아래 점) ④ 오렌지 계열
⑤ 스마일_클리어 코랄 핑크
⑥ 미백+클리어 핑크(손)/레드(발) ⑦ 애시 블론드(토요카론)

CCS-momoko 12NY Home Garnet / 가닛
2011.12.23　¥18,095

① 쿨+MB01 ② L_딥 제이드 그린, ↑2
③ 화이트 펄+화이트 펄 그러데이션+다크 브라운 라인 ④ 레드 계열
⑤ 스마일_크림슨 ⑥ 미백+가닛
⑦ 애시 블론드(토요카론)

CCS-momoko 12NY Home Amethyst / 애미시스트
2011.12.23　¥18,095

① 쿨+MB01 ② C_올리브 브라운, ↑2 ↓8
③ 그레이시 브라운+화이트 펄 그러데이션+전체 라벤더 펄
④ 핑크 계열 ⑤ 오버 립_라이트 플럼 핑크
⑥ 미백+딥 바이올렛
⑦ 미디엄 브라운(토요카론)

CCS-momoko 12NY Home Moon Stone / 문스톤
2011.12.23　¥18,095

①②⑦ 가닛과 동일
③ 올리브 브라운+화이트 펄 그러데이션+전체 화이트 펄
④ 핑크 계열 ⑤ 오버 립_라이트 플럼 핑크
⑥ 미백+화이트 펄

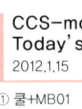

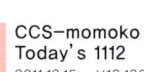

🌸 momoko 1종, 데코니키 1종, PW 의상, 소품, 신발 등 총 7종의 아이템과 추가 구성이 포함된 「2012 HAPPY BOX」용 신작 momoko. 「펫웍스의 사업과 전망」 전시회장 외 한정.

🌸 2001년 12월에 발매된 인기 모델 「01AT」를 Today's 사양으로 어레인지하여 PW 스토어에서 수주 판매했다. 오리지널보다 짙은 색감으로 약간 더 어른스러운 분위기다.

🌸 「펫웍스의 사업과 전망-중2인 채로 사는 기술-」 전시회, PW 스토어 한정이다. 곰의 귀 형태로 묶은 푸크시아 핑크 컬러의 보브 헤어다.

🌸 곰의 귀처럼 묶은 1204pk와 토끼 귀처럼 묶은 1204yl. 둘 다 PW 스토어 한정이다.

pk

yl

CCS-momoko Today's 12HB
2012.1.15　¥18,095(복주머니)

① 쿨+MB01
② L_아쿠아 그린, ↑2 ↓8 ⌐1
③ 크림 옐로+눈시울 화이트 펄
④ 오렌지 계열
⑤ 스마일_라이트 코랄 핑크
⑥ 미백+(랜덤) ⑦ 체리 브라운

CCS-momoko Today's 01AT
2012.2.14　¥16,190

① 쿨+MB01
② L_카키 그린, ↑2
③ 브론즈 골드 ④ 오렌지 계열
⑤ 스마일_라이트 샐먼 베이지
⑥ 예전 노멀(핑크 계열)
⑦ 애시 브라운(토요카론)

CCS-momoko Today's 1112
2011.12.15　¥16,190

① 쿨+MB01 ② L_다크 브라운, ↑2
③ 파스텔 핑크 ④ 핑크 계열
⑤ 스마일_라이트 코랄 핑크
⑥ 미백+내추럴 핑크 ⑦ 푸크시아 핑크

CCS-momoko Today's 1204pk/1204yl
2012.4.4　각 ¥16,190

①③〜⑥ Today's 1112와 동일 ② L_라이트 레디시 브라운
⑦ pk: 파스텔 핑크 / yl: 페일 블론드

◑ 인형옷 작가 히로세 카즈야(Galum) 디자인으로 PW 스토어가 수주 판매했다. 매일 자기 스타일대로 우아하게 차려입는 여성을 이미지화 했다.

PW-momoko ae 〈Galum〉
2012.3.21 ￥20,952

① 쿨+MB01 ② L_세피아
③ 브론즈+눈시울 브론즈
④ 오렌지 계열 ⑤ 샤프_코랄 베이지
⑥ 내추럴+브론즈 ⑦ 애시 올리브 브라운

◑ 테마는 「인상파」. 진홍색 그러데이션 섀도와 주근깨가 특징인 어른스러운 얼굴의 「서리 내린 아침」과 빨강과 파랑의 조화가 인상적인 귀여운 「저녁노을」이다.

CCS-momoko 12SS Home Frosty Morning/서리 내린 아침
2012.4.30 ￥18,095

① 쿨+MB01 ② C_올리브 그린, ↑2 ↓8
③ 라이트 브라운+스칼렛 그러데이션+눈시울 화이트 펄 ④ 주근깨 ⑤ 스마일_코랄 오렌지
⑥ 미백+다크 오렌지 ⑦ 페일 블론드

CCS-momoko 12SS Home Sunset/저녁노을
2012.4.30 ￥18,095

① 허니+MB01 ② L_그레이시 터쿼이즈, ↑2
③ 펄 레드+스칼렛 그러데이션
④ 레드 계열 ⑤ 다운턴_베이비 핑크
⑥ 미백+페일 핑크 ⑦ 애프리코트 브라운

Frosty Morning   Sunset

◑ 「DOLL SHOW 34」, PW 스토어 한정의 「물그림자」. 천진난만한 얼굴과 부드럽게 묶은 당고 머리가 인기를 모았다.

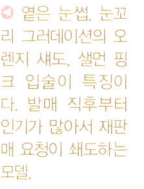

CCS-momoko 12SS Home Shadow of Water/물그림자
2012.4.30 ￥18,095

① 허니+MB01 ② L_올리브 브라운, ↑2
③ 라이트 브라운 ④ 레드 계열
⑤ 다운턴_내추럴 오렌지
⑥ 내추럴+다크 오렌지 ⑦ 소프트 블랙

◑ Today's 최초의 허니 페이스. 헤어 라인에 볼륨감을 주고, 컬이 듬뿍 들어간 포니테일로 부드러운 느낌을 연출했다. PW 스토어 한정.

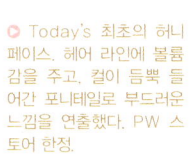

CCS-momoko Today's 1206bk
2012.6.25 ￥16,190

① 허니+MB01 ② L_골든 브라운, ↑2
③ 오렌지+눈꼬리 오렌지 그러데이션
④ 레드 계열 ⑤ 다운턴_샐먼 핑크
⑥ 내추럴+내추럴 오렌지
⑦ 소프트 블랙

◑ 옅은 눈썹, 눈꼬리 그러데이션의 오렌지 섀도, 샐먼 핑크 입술이 특징이다. 발매 직후부터 인기가 많아서 재판매 요청이 쇄도하는 모델.

CCS-momoko Today's 1206bl
2012.6.25 ￥16,190

①~⑥ Today's 1206bk와 동일
⑦ 딥 블론드

①페이스+보디 ②눈동자, ↑속눈썹 ③아이 메이크업 ④블러셔 ⑤입 ⑥피부+네일 ⑦헤어

◇◇◇ 테마는 'CITRON 리액션'이다. 단순하지만 컬러가 돋보이는 「DEEP CITRON」과 바람을 머금은 듯한 트래디셔널 드레스의 「PALE CITRON」 2가지 코디네이션을 즐길 수 있다. 상큼한 컬러 메이크업이 돋보이는 3가지 momoko가 각기 다른 매력을 선보인다.

**CCS-momoko 12SS CITRON reaction
DEEP CITRON+red/PALE CITRON+red**
2012.8.11　각 ￥21,904

① 쿨+MB01 ② L_라이트 오커, ↑2 ③ 라이트 오커 그러데이션
④ 오렌지 계열+라이트 코랄 ⑤ 스마일_버밀리언(주홍색)
⑥ 미백+오렌지 ⑦ 애프리코트 브라운

**CCS-momoko 12SS CITRON reaction
DEEP CITRON+blonde/PALE CITRON+blonde**
2012.8.11　각 ￥21,904

① 쿨+MB01 ② R_페일 블루, ↓3
③ 화이트 펄+라임 그린 그러데이션 ④ 오렌지 계열
⑤ 오버 립_누드 오렌지 ⑥ 미백+오렌지 ⑦ 블론드

**CCS-momoko 12SS CITRON reaction
DEEP CITRON+black / PALE CITRON+black**
2012.8.11　각 ￥21,904

① 쿨+MB01 ② C_페일 터쿼이즈, ↑2 ↓8
③ 페일 핑크 펄 그러데이션 ④ 핑크 계열
⑤ 오버 립_시클라멘 핑크 ⑥ 내추럴+페일 터쿼이즈 ⑦ 리얼 블랙

○ 「아이스 캔디」를 테마로 펄이 들어간 메이크업을 선보였다. 옅은 블론드 헤어의 「소다」와 개성 있는 투톤 보브 헤어를 한 「모카」이다. 「모카」는 「쇼핑 대작전 스페셜2」, PW 스토어 한정이다.

**CCS-momoko 12AN Home
Soda/소다**
2012.8.11　￥18,095

① 허니+MB01 ② L_그레이시 브라운, ↑2
③ 페일 터쿼이즈+화이트 펄 그러데이션
④ 핑크 계열 ⑤ 스마일_라이트 코랄 핑크
⑥ 미백+페일 핑크 ⑦ 블론드

**CCS-momoko 12AN Home
Mocha/모카**
2012.8.11　￥18,095

①～⑤ 12AN 소다와 동일
⑥ 미백+페일 터쿼이즈
⑦ 다크 애시 브라운x페일 블론드

○ 12AN 모카가 큰 인기를 모으며 완판된 후, 약간 짧은 머리의 Today's 구성으로 PW 스토어 한정 판매. 헤어의 길이는 12AN 모카가 어깨 부근이고, Today's 모카는 턱선 부근이다.

CCS-momoko Today's mocha
2012.9.26　￥16,190

①～⑤⑦ 12AN 모카와 동일
⑥ 미백+페일 핑크

Soda　　Mocha

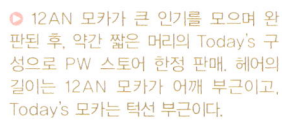

인형옷 작가 우치야마 준코(allnurds) 디자인으로 PW 스토어가 수주 판매했다. 비대칭 패턴과 색감이 즐거움을 주는 코디 네이션. 캐러멜 오렌지 컬러의 복슬복슬한 컬 헤어와 주근깨 등 귀엽고 컬러풀한 메이크업이 개성 만점이다.

PW-momoko ae 〈allnurds〉
2012.8.27 ￥20,952

① 쿨+MB01 ② C_파스텔 블루, ↑2
③ 파스텔 핑크+파스텔 블루 펄 그러데이션+눈시울 화이트 펄 ④ 핑크 계열+주근깨
⑤ 스마일_클리어 핑크 ⑥ 미백+버밀리언
⑦ 캐러멜 오렌지

🔵 10주년에 개최된 「PW-momoko ae 〈You〉」 디자인 콘테스트에서 우승한 작품. K. S. 디자인 「Black & Brown」을 토대로 제작됐고, PW 스토어에서 수주 판매됐다.

PW-momoko ae 〈You〉 ~Black & Brown~
2012.9.21 ￥18,095

① 쿨+MB01 ② L_레디시 브라운, ↑2
③ 미디엄 브라운 ④ 핑크 계열
⑤ 오버 립_샐먼 베이지
⑥ 내추럴+다크 레드 ⑦ 딥 애시 블론드

Holly COLUMN
「PW-momoko ae 〈You〉」

「ae 〈You〉」는 팬이 디자인한 momoko를 '양산화' 한 꿈같은 작품. 2011년 가을에 10주년 기획으로 개최되었다. 팬이 디자인한 momoko를 구현한다는 기획은 2009년 「꿈의 momoko DOLL 디자인 콩쿠르」에서도 시도되었지만, 그때는 1점만 제작됐다. 「ae 〈You〉」는 일본 국내외에서 보내온 많은 응모작 중 최종 3작품을 선정, 이벤트 장소에서 투표를 통해 최종 우승작을 가렸다. 우승작은 K. S. 씨가 디자인한 「Black & Brown」으로 양산화가 결정되어 수주 판매되었다.

2016년 15주년 기념으로 개최된 제1회 「ae 〈You〉 15th AN」 우승작은 못사 씨 작품 「Butterfly Song」. momoko는 15주년을 맞아 나비처럼 아름다운 날개를 활짝 펴고자 노력한다.

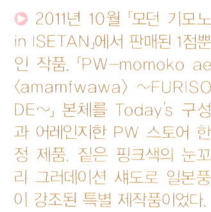

🔵 PostPet 15주년, X momoko 10주년 콜라보 모델로 PW 스토어가 수주 판매했다. 마나베 나미에가 디자인한 PostPet 모모와 모모를 돕는 내레이터 모델 「모모 걸」을 1/6 사이즈로 구현했다.

PW-momoko ae Momo Girl l/모모 걸 l
2012.10.26 ￥20,952

① 쿨+MB01 ② L_세피아, ↑2
③ 페일 라벤더+화이트 펄 그러데이션(오른쪽 눈 아래 점) ④ 핑크 계열 ⑤ 스마일_내추럴 핑크
⑥ 미백+클리어 핑크 ⑦ 애시 올리브 브라운

PW-momoko ae Momo Girl s/모모 걸 s
2012.10.26 ￥20,952

① 허니+MB01 ② L_세피아, ↑2
③ 브라운 ④ 핑크 계열
⑤ 스마일_라이트 푸른 핑크
⑥ 내추럴+클리어 핑크 ⑦ 소프트 블랙

🔵 2011년 10월 「모던 기모노 in ISETAN」에서 판매된 1점뿐인 작품. 「PW-momoko ae 〈amamfwawa〉 ~FURISODE~」 본체를 Today's 구성과 어레인지한 PW 스토어 한정 제품. 짙은 핑크색의 눈꼬리 그러데이션 섀도로 일본풍이 강조된 특별 제작품이었다.

CCS-momoko Today's amamfwawa
2012.11.1 ￥16,190

① 쿨+MB01 ② L_네이비 블루, ↑2 ↓8
③ 눈꼬리 푸크시아 핑크 그러데이션 ④ -
⑤ 스마일_푸크시아 핑크
⑥ 미백+클리어 핑크 ⑦ 리얼 블랙

Momo Girl l　　Momo Girl s

①페이스＋보디 ②눈동자, ↑↓속눈썹 ③아이 메이크업 ④블러셔 ⑤입 ⑥피부＋네일 ⑦헤어

🌸 기모 소재의 코튼 기모노에 스웨이드 오비를 반듯하게 묶어 주렁한 느낌을 준다. 「런던」은 영국 느낌이 나는 코디네이션으로 하늘색 계타 구성의 PS 버전도 있다.

🌸 우아한 그레이지 코튼 기모노 안에 깃심지가 달린 긴 속옷을 입어서 옷맵시가 아름답다.

🌸 고양이 귀를 닮은 헤어스타일과 전체 아이라인의 캐츠아이가 매력적이다. 코쿤 실루엣 코트의 젖혀진 칼라와 허리부터 동그렇게 떨어지는 라인이 아름답다.

🌸 오트밀 컬러의 모헤어 카디건을 걸친 흰 고양이. 오프 화이트의 웨지 펌프스는 바닥을 핑크색으로 조화시켜 고양이 발바닥을 이미지화 했다.

CCS-momoko 12AW
Kimono London/런던
2012.11.23　¥21,904

① 쿨+MB01 ② R_브릭 레드, ↓3
③ 피치 베이지 ④ 레드 계열+주근깨
⑤ 스마일_클리어 코랄 핑크
⑥ 내추럴+누드 핑크 ⑦ 블론드

CCS-momoko 12AW
Kimono TOKIO
2012.11.23　¥21,904

①③⑤⑥ 런던과 동일
② L_브릭 레드, ↓2 ④ 레드 계열
⑦ 마호가니 브라운

CCS-momoko 12AW
Cat in the Dark Black Cat/
새벽녘 검은고양이
2012.12.18　¥22,857

① 쿨+MB01 ② L_카키 옐로, ←1
③ 펄 브라운 그러데이션+블랙 라인
④ 레드 계열 ⑤ 샤프_페일 누드 베이지
⑥ 내추럴+블랙 ⑦ 리얼 블랙

CCS-momoko 12AW
Cat in the Dark White Cat/
새벽녘 흰 고양이
2012.12.18　¥22,857

① 쿨+MB01 ② L_라이트 카키 그린, ←1
③ 누드 베이지+올리브 그레이 라인
④ 핑크 계열 ⑤ 스마일_라이트 코랄 핑크
⑥ 미백+펄 화이트 ⑦ 화이트

🌸 CCS-momoko 2종(13HB+13HB 외 1종). 오데코짱 또는 니키, 우사기, 의상·소품·신발 등 4종에 추가 아이템까지 포함된 복주머니 「Happy Bag 13DS」용 신작. 허니 페이스로는 첫 선탠 피부로 「DOLL SHOW 36」, PW 스토어 한정.

CCS-momoko Today's 13HB
2013.1.20　¥23,810 (복주머니)

① 허니+MB01 ② L_골든 브라운, ↓2
③ 펄 오렌지+눈꼬리 펄 오렌지 그러데이션
④ 레드 계열 ⑤ 다운턴_핑크
⑥ 선탠 ⑦ 페일 블론드

🌸 소녀와 성인의 경계선에서 흔들린다는 「보더 라인」을 테마로 한 핑크스타일. 살짝 푸른빛이 감도는 블랙 스웨터를 입었다. 「허영심」과 같은 스웨터에 빨간 러버 부츠를 신은 「깊은 슬픔」. PS 버전은 PW 스토어 한정.

CCS-momoko 13NY Home　Melancholy/깊은 슬픔, 깊은 슬픔 PS
2013.1.25　각 ¥18,095

① 허니+MB01 ② L_흐린 블루, ↓2 ③ 라이트 블루 그레이+블루 그레이 그러데이션 ④ 핑크 계열
⑤ 다운턴_페일 누드 핑크 ⑥ 내추럴+블루 ⑦ 리얼 블랙x인디고 블루

🌸 와인 컬러 헤어의 어른이 되고 싶은 「허영심」. 카키색 러버 부츠의 질감이 아름답다.

CCS-momoko 13NY Home
Vanity/허영심
2013.1.25　¥18,095

① 쿨+MB01 ② L_라이트 카키, ↓2
③ 다크 브라운+브라운 레드 그러데이션
④ 레드 계열 ⑤ 스마일_브라운 레드
⑥ 미백+브론즈 ⑦ 브라운 레드x미디엄 브라운

bk　　　　bl

○ 차분한 검은 머리와 상냥한 눈망울을 가진 1303bk와 짙은 블론드의 곱슬머리와 주근깨 덕분에 활기차 보이는 1313bl, PW 스토어 외의 일부 취급점에서 판매됐다.

CCS-momoko Today's 1303bk
2013.3.28　¥15,714

① 쿨+MB01
② R_크림 베이지, ↓3
③ 핑크 ④ 핑크 계열
⑤ 샤프_핑크
⑥ 내추럴+누드 핑크
⑦ 소프트 블랙

CCS-momoko Today's 1303bl
2013.3.28　¥15,714

①③⑤⑥ Today's 1303bk와 동일
② L_크림 베이지, ↓2
④ 핑크 계열+주근깨
⑦ 딥 블론드

○ 여성 만화 작가 집단 「CLAMP」의 디자인이다. 순백 드레스를 휘감은 용은 이 작품을 위해 직접 그린 것. 새까만 비대칭 보브 헤어와 붉은 아이섀도가 기괴하고 신비한 느낌을 뿜어낸다. PW 스토어에서 수주 판매됐다. CLAMP가 직접 그린 엽서도 포함.

PW-momoko ae〈CLAMP〉
2013.4.17　¥26,666

① 쿨+MB01 ② C_라이트 블루
③ 라이트 퍼플+눈시울 라이트 퍼플+눈꼬리 크림슨(짧은 눈썹)
④ - ⑤ 샤프_크림슨 ⑥ 미백+크림슨 ⑦ 리얼 블랙

○ 2005~2007년 CCS momoko 인기투표에서 1위를 차지한 「06AW 너버스 레드」를 Today's 구성으로 어레인지했다. 오리지널보다 불러서 위치가 약간 높아서 귀여운 인상이지만, 긴 앞머리와 눈동자 색 등은 오리지널을 충실히 재현했다. PW 스토어에서 수주 판매됐다.

CCS-momoko Today's 06AW Nervous Red/너버스 레드
2013.6.3　¥15,714

① 쿨+MB01 ② L_라이트 그린, ↓2
③ 피치 베이지 ④ 레드 계열
⑤ 오버 립_레드(매트)
⑥ 내추럴+라이트 핑크
⑦ 핑키시 브라운

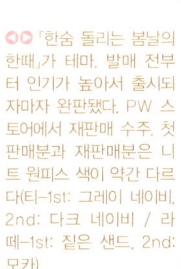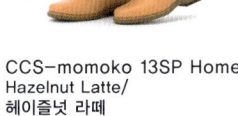

wh　　gr

◎◎ 「한숨 돌리는 봄날의 한때」가 테마. 발매 전부터 인기가 높아서 출시되자마자 완판됐다. PW 스토어에서 재판매 수주. 첫 판매분과 재판매분은 니트 원피스 색이 약간 다르다(티-1st: 그레이 네이비, 2nd: 다크 네이비 / 라떼-1st: 짙은 샌드, 2nd: 모카).

CCS-momoko 13SP Home Cranberry Tea/크랜베리 티
2013.4.27　¥18,095

① 허니+MB01 ② L_다크 네이비
③ 카키 베이지 ④ 핑크 계열
⑤ 오버 립_베일 큐틱 오렌지
⑥ 미백+누드 오렌지
⑦ 마호가니 브라운x체리 브라운

CCS-momoko 13SP Home Hazelnut Latte/헤이즐넛 라떼
2013.4.27　¥18,095

① 허니+MB01 ② L_다크 네이비
③ 페일 올리점 ④ 레드 계열
⑤ 다운턴_베이비 핑크
⑥ 내추럴+누드 핑크
⑦ 블론드x미디엄 브라운

○ 「DON'T COUNT YOUR DOLLS」가 프린트된 루즈 튜닉을 입은, 인형을 좋아하는 momoko, 그레이 튜닉에 검은 하의를 입은 gr, 오프화이트에 카키 하의를 입은 wh가 있다. 공식 사진에 따르면 둘 다 momoko를 모으고 있다고 한다.

CCS-momoko 13SM Home wh/gr
2013.6.26　각 ¥18,095

① 허니+MB01 ② L_다크 올리브, ↓2 ③ 화이트 펄
④ 오렌지 계열 ⑤ 스페셜_라이너 오렌지
⑥ 내추럴+옐로 ⑦ 소프트 블랙

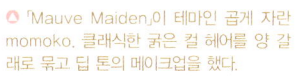

○ 「Mauve Maiden」이 테마인 곱게 자란 momoko. 클래식한 굵은 컬 헤어를 양 갈래로 묶고 딥 톤의 메이크업을 했다.

CCS-momoko 13AN Home Mauve Maiden
2013.8.11　¥18,095

① 허니+MB01 ② L_딥 그린, ↓2
③ 브론즈 골드 그러데이션
④ 핑크 계열 ⑤ 다운턴_모우브(엔보리)
⑥ 미백+모우브 ⑦ 페인 체+블론드

RED

NAVY

BROWN

◆ 「DOLL SHOW 38」한정 모델. 샘플보다 차분해진 쇼트 보브 스타일이 되었다.

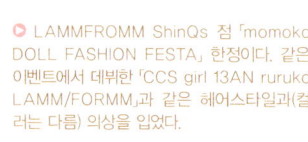

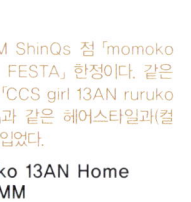

**CCS-momoko
Today's 1309DS**
2013.9.1 ¥15,714

① 쿨+MB01
② L_다크 올리브, ↑2
③ 크림 베이지
④ 핑크 계열
⑤ 오버 립_페일 베이비 핑크
⑥ 내추럴+누드 핑크
⑦ 핑키시 브라운

◆◆ 아존 직영점 「momoko 12th Anniversary tour at Azone」한정이다. 「08AW Cowardly Lion」과 공통점이 많은 메이크업과 헤어 컬러로 허니 페이스 중 인기가 많은 모델이다.

◆ LAMMFROMM ShinQs 점 「momoko DOLL FASHION FESTA」한정이다. 같은 이벤트에서 데뷔한 「CCS girl 13AN ruruko LAMM/FORMM」과, 같은 헤어스타일과(컬러는 다름) 의상을 입었다.

**CCS-momoko 13AN Home
LAMM, FROMM**
2013.10.3 각 ¥18,095

① 쿨+MB01 ② C_다크 올리브, ↑1
③ 실버 ④ 오렌지 계열
⑤ 스마일_라이트 오렌지 ⑥ 미백+모우브
⑦ LAMM: white / FROMM: 화이트x실버

LAMM   FROMM

**Today's momoko Azone ver.
RED/NAVY/BROWN**
2013.8.11 각 ¥15,714

① 허니+MB01 ② L_라이트 카키, ↑2
③ 베이지 핑크 ④ 오렌지 계열
⑤ 다운턴_페일 핑크 베이지
⑥ 내추럴+클리어 핑크
⑦ 애시 블론드x페일 블론드

◆ 가을 컬러를 테마로 한 13AW. 코트의 칼라는 은행잎을 모티브로 디자인되었다.

**CCS-momoko 13AW
Autumnal tints
Yellow Leaf**
2013.11.1 ¥22,857

① 허니+MB01
② L_라이트 블루 그레이, ↑2
③ 세피아 브라운 ④ 클리어 펄
⑤ 다운턴 클리어 레드
⑥ 내추럴+레드
⑦ 소프트 블랙x마호가니 브라운

◆ Yellow Leaf 에서 모모코를 교체한 「Red Leaf CHANGE」는 PW 스토어 한정이다.

**CCS-momoko 13AW
Autumnal tints Red Leaf**
2013.11.1 ¥22,857

① 쿨+MB01 ② L_라이트 그린
③ 세피아 브라운+눈시울 화이트 펄
④ 오렌지 계열
⑤ 샤프_누드 베이지+하이라이트
⑥ 내추럴+애프리코트 오렌지
⑦ 블론드x페일 허니 블론드

◆ 일반적인 헤어보다 가는 모발로 가벼운 흑발이 되었다.

**CCS-momoko 13AW Home
Warmly Hug**
2013.11.17 ¥18,095

① 쿨+MB01 ② L_웜 그레이 ③ -
④ 핑크 계열 ⑤ 샤프_오페라 핑크
⑥ 내추럴+파스텔 핑크 ⑦ 소프트 블랙

◐ 2008년 CCS-momoko 인기투표에서 1위를 차지한 CCS 08SS Cowardly Li on(겁쟁이 사자)을 Today's 구성으로 어레인지. PW 스토어에서 수주 판매했다. 오리지널은 빨간 입술인데 옅은 베이지색 입술로 변경.

CCS-momoko Today's 08SS Cowardly Lion
2012.11.22 ¥15,714

① 쿨+MB01
② L_크림 옐로, ↑2
③ 베이지 ④ 레드 계열
⑤ 스마일_페일 누드 베이지
⑥ 내추럴+내추럴 핑크
⑦ 애시 블론드

◐ 인형옷 작가 스즈키 아카네 (A line) 디자인으로 PW 스토어에서 수주 판매되었다. 세트에 포함된 T 스트랩 펌프스는 스트랩이 붙은 부분이 떨어지기 쉽다(접착제로 보수 가능).

PW-momoko ae 〈A line〉 nostalgia
2013.10.10 ¥20,952

① 쿨+MB01
② C_레디시 옐로 브라운, ↑2
③ 그레이시 베이지
④ 오렌지 계열
⑤ 스마일_베이지 핑크
⑥ 미백+펄 화이트
⑦ 애시 브라운x베이지

◐ 2013년 12월 출하분과 2014년 1월 말 출하분이 약간 다르다. 1st: 짧은 갈색 헤어에 펄 느낌이 나는 페이스 / 2nd: 검은색에 가까운 약간 긴 헤어.

CCS-momoko Today's 1312
2013.12.10 ¥15,714

① 쿨+MB01 ② L_올리브 브라운, ↑2
③ 전체 브론즈 ④ 핑크 계열
⑤ 오버 립 클리어 코랄 레드 ⑥ 내추럴+누드 핑크
⑦ 1st: 마호가니 브라운x다크 애시 브라운 / 2nd: 다크 애시 브라운x소프트 블랙

◐ CCS-momoko 2종 (14HB+14HB 외 1종), 오데코짱 또는 니키 1종, 우사기·쿠마보로·조시 중 1종, 의상·소품·신발 3종이 들어 있는 복주머니 「HAPPY BOX 2014」용 신작. 「DOLL SHOW 39」, PW 스토어 한정이다.

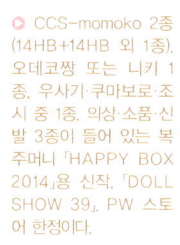

CCS-momoko Today's 14HB
2014.1.13 ¥23,810 (복주머니)

① 쿨+MB01 ② L_사이언 블루
③ 펄 블루 ④ 레드 계열
⑤ 스마일_클리어 코랄 핑크 ⑥ 미백+누드 핑크
⑦ 슈거 핑크x딥 허니 블론드

◐ 인형옷 작가 세키구치 타에코(F. L. C.) 디자인으로 PW 스토어에서 수주 판매. 정수리에서 앞머리 쪽으로 사선 가르마를 탄 쇼트 보브 헤어스타일.

PW-momoko ae 〈F.L.C.〉 2013
2013.12.18 ¥22,857

① 허니+MB01
② L_라이트 올리브 그린, ↑2
③ 펄 그레이 ④ 오렌지 계열 ⑤ 미밀_빨간 립스
⑥ 내추럴+실버
⑦ 소프트 블랙x애시 올리브 브라운

◐ LAMMFROMM 한정. 헤어는 토요카론이다.

CCS-momoko Aquarius LAMM, FROMM
2014.1.2 각 ¥18,095

① 쿨+MB01 ② L_웜 그레이 ③ –
④ 핑크 계열 ⑤ 샤프_누드 코랄 핑크
⑥ 내추럴+펄 화이트
⑦ LAMM: 밀키 블론드(토요카론) / FROMM: 미디엄 브라운(토요카론)

LAMM

FROMM

① 페이스＋보디 ②눈동자 ,①속눈썹 ③아이 메이크업 ④블러셔 ⑤입 ⑥피부＋네일 ⑦헤어

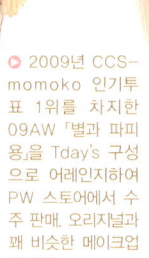

⟡ 2009년 CCS-momoko 인기투표 1위를 차지한 09AW「별과 파피용」을 Tday's 구성으로 어레인지하여 PW 스토어에서 수주 판매. 오리지널과 꽤 비슷한 메이크업이 됐다.

CCS-momoko Today's 09AW Stars and Papillon/별과 파피용
2014.3.27　¥15,174
① 쿨+MB01 ② L_옐로 오커, →1
③ 라이트 그레이+블랙 라인 ④ 핑크 계열
⑤ 샤프_코랄 핑크+하이라이트
⑥ 미백+블러디 레드 ⑦ 블론드

⟡ 헤어스타일이 다른 2종으로 검은 니트 드레스는 CCSgirl 14SS ruruko와 동일.

⟡ 14NY ruruko와 같은 올인원 스타일. 왼쪽의 PS 버전은 PW 스토어 한정이다.

CCS 14NY momoko, 14NY momoko PS
2014.2.17 / PS : 2014.3.6　각 ¥18,000
① 허니+MB01 ② L_카멜 브라운 ③ 전체 화이트 펄
④ 오렌지 계열 ⑤ 스마일_샐먼 핑크
⑥ 미백+차콜 핑크 ⑦ 샴페인 브라운

BL　　　　　BR

CCS 14SS momoko BL, BR
2014.4.30　각 ¥18,000
① 허니+MB01 ② L_블루 그레이
③ 펄 라이트 블루 ④ 화이트 펄
⑤ 다운턴_크림슨 레드(매트)
⑥ 미백+펄 화이트
⑦ BL: 페일 블론드 / BR: 페일 브라운

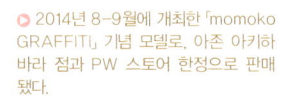

⟡ 인형옷 작가 korori(Special toy box) 디자인으로 PW 스토어에서 수주 판매. 수주 시작 후 몇 시간 만에 예정 판매량을 달성해, 일부 재료를 변경하여 추가 수주를 했다. 1st: 뷔스티에 부분에 여유가 있어서 치마는 무늬가 있는 원단 사용 / 2nd: 뷔스티에 부분이 타이트해서 치마는 무늬가 없는 아이보리색 원단 사용.

PW-momoko ae 〈S.T.B.〉 첫사랑
2014.6.6　¥21,904
① 허니+MB02 ② L_웜 그레이
③ 페일 올리브 ④ 레드 계열
⑤ 다운턴_클리어 핑크
⑥ 내추럴+핑크 ⑦ 딥 블론드

⟡ 약간 부드러운 느낌의 새로운 메이크업을 한 허니 페이스.「DOLL SHOW 40」PW 스토어 한정이다.

CCS Today's momoko 1405
2014.5.5　¥15,500
① 허니2+MB01 ② L(type 2)_카멜 브라운, ↑2
③ 크림 베이지 ④ 오렌지 계열
⑤ 글래머_피치 핑크 ⑥ 내추럴+누드 핑크
⑦ 허니 브라운

⟡ 2014년 8-9월에 개최한「momoko GRAFFITI」기념 모델로, 아존 아키하바라 점과 PW 스토어 한정으로 판매됐다.

Today's momoko GRAFFITI
2014.8.20　¥16,500
① 허니2+MB01 ② L(type 2)_블루 그린, ↑2
③ 세피아 브라운 ④ 레드 계열
⑤ 글래머_누드 베이지
⑥ 내추럴+브론즈 ⑦ 소프트 블랙

○○ 14AN ruruko와 같은 오리지널 프린트 원단을 사용했다. PK와 GR은 페이스가 다르지만 메이크업은 거의 같다.

○ 한국 momoko 팬클럽 10주년 기념으로 제작된 mamaZdoll 한정.

CCS 14AN momoko PK
2014.8.30 ¥23,000
① 허니2+MB02 ② L(type 2)_라임 그린, ↑2
③ 라이트 베이지 ④ 핑크 계열
⑤ 글래머_누드 코랄 핑크
⑥ 미백+라임 그린 ⑦ 블론드

CCS 14AN momoko GR
2014.8.30 ¥23,000
① 쿨+MB02 ② L_라임 그린, ↑2
③ 전체 라이트 베이지(오른쪽 눈 아래 점)
④ 핑크 계열 ⑤ 스마일_라이트 코랄 핑크
⑥ 미백+라임 그린 ⑦ 다크 애시 브라운

Today's momoko Korea MFC 10th AN
2014.9.4 US$185
① 허니2+MB02
② L(type 2)_그레이시 블루, ↑2
③ 피치 베이지 ④ 레드 계열
⑤ 글래머_핑크 ⑥ 선탠+누드 핑크
⑦ 페일 블론드

○ 패션 브랜드 「Mary Magdalene」과 콜라보한 모델로 Mary Magdalene과 PW 스토어에서 수주 판매. 수주 시작 후 몇 시간 만에 예정 물량을 다 채웠고, 일부 재료를 변경해 추가 수주를 받았다. 1st: 리본 타이 색이 진함, 2nd: 리본 타이 색이 연함.

PW-momoko ae ⟨Mary Magdalene⟩
2014.7.22 ¥26,666
① 허니+MB02
② L_앤틱 블루, ↑9 ↓5 (동공)
③ 전체 브라운 베이지 ④ 핑크 계열
⑤ 다운턴_페일 핑크 베이지
⑥ 미백+페일 핑크
⑦ 캐러멜 오렌지x딥 블론드

○ 인형옷 작가 오카 카즈미(QP) 디자인으로 PW 스토어에서 수주 발매. 머리끝이 정돈된 양 갈래 스타일로 킹캉 모자를 쓸 수 있는 위치에서 묶어주었다.

PW-momoko ae ⟨QP⟩ mono
2014.9.16 ¥22,000
① 쿨+MB02 ② C_딥 브라운, ↑1
③ 플럼+눈시울 화이트 펄 ④ 화이트 펄
⑤ 스마일_페일 누드 베이지
⑥ 내추럴+펄 화이트(손), 체리 핑크(발)
⑦ 소프트 블랙

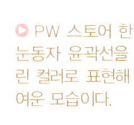

○ PW 스토어 한정. 눈동자 윤곽선을 그린 컬러로 표현해 귀여운 모습이다.

Today's momoko 1410
2014.10.31 ¥15,500
① 허니2+MB01 ② L(type 2)_라이트 카키, ↑2
③ 베이지 핑크 ④ 핑크 계열
⑤ 글래미_메일 누드 핑크
⑥ 내추럴+핑크 ⑦ 애시 블론드

○ PW 스토어 한정. 스모키 피치와 라이트 그린이 잘 어우러진 콤비 원피스에 코트를 코디해 가을 스타일을 연출했다.

CCS 14AW momoko PS
2014.11.27 ¥21,000
① 허니2+MB02 ② L(type 2)_카멜 브라운, ↑2
③ 크림 베이지 ④ 레드 계열
⑤ 글래머_스모키 체리 핑크
⑥ 내추럴+실버 ⑦ 애시 브라운

①페이스＋보디 ②눈동자 ↑↓속눈썹 ③아이 메이크업 ④블러셔 ⑤입 ⑥피부＋네일 ⑦헤어

◑◑ PW 스토어 한정. Today's는 대부분 MB01을 사용했지만, 2015년 선탠 보디 생산에 사정이 생겨서 MB02를 사용. 동시 발매였으므로 st에도 MB02가 사용되었다.

Today's momoko 1412lg
2014.12.18 ￥15,500

① 허니2+MB02 ② L(type 2)_웜 그레이, ↑2 ③ 아쿠아 그린 ④ 레드 계열 ⑤ 글래머_스모키 페일 핑크 ⑥ 선탠+누드 핑크 ⑦ 애시 브라운

Today's momoko 1412st
2014.12.18 ￥15,500

① 쿨+MB02 ② C_블루 그레이, ↑2 ↓8 ③ 페일 블루 그레이+화이트 펄 ④ 화이트 펄 ⑤ 오버 립_크림슨 레드(매트) ⑥ 미백+클리어 핑크 ⑦ 다크 브라운

◑ 2002년 연말 선물 「momoko ver. 02HM」과 같은 헤어스타일로 허니 페이스다.

Today's momoko 1501
2015.1.12 ￥15,500

① 허니2+MB01 ② L(type 2)_카멜 브라운, ↑2 ③ 크림 베이지 ④ 오렌지 계열 ⑤ 글래머_피치 핑크 ⑥ 내추럴+누드 핑크 ⑦ 화이트

**PW-momoko ae
〈KOGUMAZA / 작은곰자리〉
여왕 고양이와 사슴 공주**
2015.2.23 ￥22,000

① 허니2+MB02 ② L(type 2)_애시 그린, ↑2 ③ 골드 ④ 핑크 계열 ⑤ 글래머_누드 베이비 핑크 ⑥ 미백+브론즈 ⑦ 애시 블론드x페일 블론드

◑ 인형옷 작가 아메노모리 히로코(작은곰자리) 디자인으로 PW 스토어에서 수주 판매. 작은곰자리 오리지널 프린트 원단을 사용한 퍼프 소매 원피스를 입었다.

◑ 아존 「펫웍스 기모노 봄 축제」, PW 스토어 한정 수주 생산 2nd 물량은 2016년 1월 출하되었다.

◑ 아존 「펫웍스 기모노 봄 축제」, PW 스토어 한정으로 판매됐다.

CCS 15SP momoko kimono
2015.3.27 ￥22,000

① 허니2+MB02 ② L(type 2)_웜 그레이, ↑2 ③ 라이트 베이지 ④ 레드 계열 ⑤ 글래머_스모키 페일 핑크 ⑥ 미백+핑크 ⑦ 카페 브라운x딥 블론드

Today's momoko 1503
2015.4.4 ￥15,500

① 쿨+MB01 ② L_웜 그레이 ③ - ④ 핑크 계열 ⑤ 샤프_클리어 핑크 ⑥ 내추럴+누드 핑크 ⑦ 샴페인 브라운x밀키 스트로베리

◑ 순백 원피스는 니트 베스트 없이도 청초한 느낌으로 입을 수 있는 고 퀄리티의 디자인이다.

CCS 15SS momoko
2015.4.17 ￥21,000

① 쿨+MB02 ② L_흐린 블루, ↑1 ③ 눈꼬리 베이지 핑크 그러데이션 +그레이 라인 ④ - ⑤ 스마일_매트 베이지 핑크 ⑥ 미백+화이트 ⑦ 소프트 블랙x코퍼 브라운

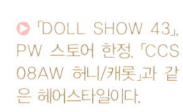

◑ 「DOLL SHOW 43」, PW 스토어 한정. 「CCS 08AW 허니/캐롯」과 같은 헤어스타일이다.

Today's momoko 1505
2015.5.5 ￥15,500

① 허니2+MB01 ② L(type 2)_라이트 올리브 브라운, ↑2 ③ 그린 골드 ④ 오렌지 계열 ⑤ 글래머_그레이시 핑크(세미 글로스) ⑥ 선탠+누드 핑크 ⑦ 소프트 블랙

🔘 인형옷 작가 SILVER BUTTERFLY 디자인으로 PW 스토어가 수주 판매. 블라우스와 검정 올인원 가슴 부분에 비즈 장식이 되어 있다. 클리어 그레이 안경도 포함.

PW-momoko ae 〈SILVER BUTTERFLY〉 Life Still Life
2015.6.18   ¥22,000

① 쿨+MB02
② R_라벤더 그레이, ↓3
③ 샴페인 골드 ④ 핑크 계열
⑤ 오버 립_펄 베이지
⑥ 미백+메탈릭 라벤더
⑦ 마호가니 브라운x딥 블론드

🔘 IFDC(International Fashion Doll Convention) 2015 한정. 신발은 사진에 있는 러버 부츠 외에 롱 부츠 계열 몇 가지가 랜덤으로 들어갔다.

Today's momoko IFDC 2015
2015.7,8   US $160

① 허니2+MB01
② L(type 2)_블루 그린, ↓2
③ 세피아 브라운 ④ 레드 계열
⑤ 글래머_누드 베이지
⑥ 내추럴+누드 핑크
⑦ 딥 애시 블론드

🔘 「momoko DOLL 쇼핑 대작전 스페셜3」, PW 스토어 한정. 블러셔와 같은 색으로 귓불을 채색한 것이 특징.

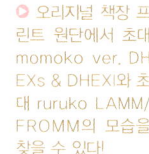

Today's momoko 1508
2015.8.1   ¥15,500

①〜③⑤⑥ IFDC 2015와 동일
④ 레드 계열+귓불 블러셔
⑦ 애프리코트 브라운

🔘 오리지널 책장 프린트 원단에서 초대 momoko ver. DHEXs & DHEXl와 초대 ruruko LAMM/FROMM의 모습을 찾을 수 있다!

CCS 15AN momoko
2015.8.25   ¥20,000

① 허니+MB02
② L_흐린 브라운, 동공, ↓2 ↓5
③ 다크 블루 그레이+브라운 베이지 라인
④ 레드 계열 ⑤ 디운턴_코랄 베이지
⑥ 내추럴+모우브 핑크 ⑦ 딥 애시 블론드

🔘 패션 브랜드 「아차추무」의 신야 마사코 디자인, 리얼 사이즈 아차추무 옷을 1/6 사이즈로 재현했다. 아차추무 직영점, PW 스토어에서 수주 판매.

PW-momoko ae 〈ahcahcum/아차추무〉
2015.9.2   ¥25,000

① 쿨+MB02 ② C_다크 올리브, ↓2 ↓8
③-④-⑤ 오버 립_브라이트 레드
⑥ 미백+블랙 ⑦ 리얼 블랙

🔘 자신도 인형 팬이라는 만화가 「메르헨 메이커」 디자인으로 PW 스토어에서 수주 판매됐다. 오리지널 일러스트 카드 2종도 포함.

PW-momoko ae 〈Merchen Maker/메르헨 메이커〉
2015.9.15   ¥22,000

① 허니+MB02 ② L_스모크 블루, ↓2
③ 프로스티 블루(펄) ④ 핑크 계열
⑤ 다운턴_라이트 오렌지
⑥ 미백+피치 핑크
⑦ 레몬 블론드x실버

🔘 PW 스토어 한정으로 「큰 물방울무늬 후리소데 ruruko PS」와 조화를 이루는 모노톤 코디네이션.

CCS 15AT momoko kimono PS
2015.10.13   ¥22,000

① 쿨+MB02
② L_핫 핑크, ↓2
③ 클리어 핑크 ④ 핑크 계열
⑤ 스마일_클리어 핑크
⑥ 미백+닙 핑크 ⑦ 화이트

🔘 중국 momoko 팬 클럽 10주년 기념 작품. 「朵朵家(뒤뒤야) DOLL DOLLHOUSE」. PW 스토어 한정이다. 기본 Today's는 MB01 사양이지만 MB02도 있다.

🔘 2016년 12간지 중 '원숭이'를 연상시키는 쇼트 헤어로. 「13AW Yellow/Red Leaf」와 같은 헤어스타일이다. PW 스토어 한정.

🔘 진한 보르도 메이크업과 선탠 피부로 어른스러운 분위기의 허니 페이스.

🔘 오데코쨩과 니키 10주년 기념 작품. 니키 얼굴이 프린트된 배낭은 「CCSgirl 16 SP ruruko」와 같은 제품.

■ Today's momoko China MFC 10th AN
2015.11.19　¥15,500

① 허니2+MB01 ② L(type 2)_딥 블루 그린, ↑2
③ 베이지 ④ 레드 계열 ⑤ 글래머_다크 레드
⑥ 내추럴+레드 ⑦ 리얼 블랙

■ Today's momoko 1601
2015.12.16　¥15,500

① 허니2+MB01
② L(type 2)_윔 그레이, ↑2
③ 피치 베이지 ④ 레드 계열
⑤ 글래머_스모키 핑크
⑥ 선탠+누드 핑크 ⑦ 화이트

■ CCS 15AW momoko
2015.12.21　¥22,000

① 허니2+MB02
② L(type 2)_보르도, ↑2
③ 그레이시 브라운+실버 라인
④ 레드 계열 ⑤ 글래머_다크 보르도
⑥ 선탠+브라운 ⑦ 리얼 블랙

■ CCS 16SP momoko
2016.3.19　¥20,000

① 허니+MB02
② L_크림 옐로, ↑2
③ 베이지 핑크 ④ 핑크 계열
⑤ 스마일_누드 오렌지 ⑥ 미백+파스텔 핑크
⑦ 딥 허니 블론드x라이트 애시 브라운

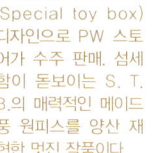

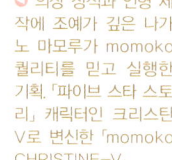

🔘 PW 스토어 한정. 쉐비 시크 느낌의 민트 그린 눈동자가 쓸쓸한 느낌이다.

🔘 인형옷 작가 korori (Special toy box) 디자인으로 PW 스토어가 수주 판매. 섬세함이 돋보이는 S.T.B.의 매력적인 메이드 풍 원피스를 양산 재현한 멋진 작품이다.

🔘 의상 장식과 인형 제작에 조예가 깊은 나가노 마모루가 momoko 퀄리티를 믿고 실행한 기획. 「파이브 스타 스토리」 캐릭터인 크리스틴 V로 변신한 「momoko CHRISTINE-V」.

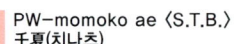

■ Today's momoko 1604
2016.4.6　¥15,500

① 허니2+MB01 ② L(type 2)_민트 그린, ↑2
③ 페일 민트 그레이 ④ 오렌지 계열
⑤ 글래머_페일 핑크 베이지(세미 글로스)
⑥ 내추럴+누드 핑크 ⑦ 딥 애시 블론드

■ PW-momoko ae 〈S.T.B.〉 千夏(치나츠)
2016.6.15　¥22,000

① 허니2+MB02 ② L(type 2)_다크 그린, ↑1
③ 페일 그린 ④ 레드 계열
⑤ 글래머_쉘 핑크 ⑥ 미백+레드
⑦ 마호가니 브라운x소프트 블랙

■ momoko CHRISTINE-V
2016.7　¥129,630

① 쿨+MB02 ② L_블루, ↑2 ↓8
③ 펄 라이트 블루 ④ -
⑤ 스마일_클리어 오렌지
⑥ 미백 ⑦ 페일 블론드x애시 블론드

◑ 언제 어디서든 인형과 함께하는 여자아이들을 프린트한 오리지널 원단을 사용했다.

◑ PW 스토어 한정. 2001년 발매된 「ver. SF22」 느낌을 살린 선탠 피부와 딥 애시 블론드의 스트레이트 롱 헤어를 적용했다.

◑ 인형옷 작가 kazumi(A-F) 디자인으로 PW 스토어 한정. 2015년 「momoko DOLL 쇼핑 대작전 스페셜3」에서 좋아하는 작가를 설문조사한 결과로 실현한 ae이다.

◑ momoko 디자인 그림 콘테스트 「PW-momoko ae〈You〉15th AN」에서 못사 씨가 디자인한 「Butterfly Song」을 양산화 했다.

CCS 16AN momoko
2016.8 ￥22,000
① 쿨+MB02 ② L_다크 브라운
③ 베이지(오른쪽 눈 아래 점) ④ 핑크 계열
⑤ 오버 립_스위트 핑크 ⑥ 내추럴+베이지
⑦ 소프트 블랙

Today's momoko 1608
2016.8 ￥15,500
① 허니+MB01 ② L_딥 블루, ↕2 ↕5
③ 전체 애시 그레이
④ 레드 계열 ⑤ 다운턴_흐린 핑크
⑥ 선탠+클리어 핑크 ⑦ 딥 애시 블론드

PW-momoko ae〈A-F〉LIZ
2017.1~2 ￥22,000
① 허니2+MB02 ② L(type 2)_흐린 블루, ↕2
③ 매트 베이지 ④ 핑크 계열
⑤ 글래머_샐먼 핑크 ⑥ 내추럴+페일 핑크
⑦ 딥 애시 블론드

PW-momoko ae [You] 15th AN
2017.3~4 ￥22,000
① 허니+MB02 ② L_블루 그레이
③ 전체 그레이 ④ 핑크 계열
⑤ 다운턴_페일 핑크
⑥ 미백+페일 그린 ⑦ 페일 애시 블론드

Holly COLUMN — '비교적 망가지지 않게' 헤드를 빼는 법

헤드를 빼다가 보디의 부품이 헤드 안쪽에 들어가 버리는 일을 방지하는 방법이다.

1. 헤드 경도를 확인한다.

일본산 쿨 페이스나 허니 페이스는 소재가 비교적 부드러운 편이지만, 세키구치 중국 공장에서 생산된 쿨 페이스(SK)는 소재가 단단해 주의를 요한다. 손가락으로 헤드를 잡아 눌러보면 경도를 짐작할 수 있다.

강하게 눌러도 변형이 거의 없다면 ⇨ 2.로

가볍게 눌러도 변형이 된다면 ⇨ 3.으로

2. 헤드를 따뜻하게 한다.

실온에서 단단한 헤드는 살짝 따뜻하게 해준다. 하지만 뜨겁게 하면 헤어가 변질될 수 있으므로 스토브나 드라이어 사용은 금물. 손으로 만졌을 때 뜨겁지 않은 온도가 좋다. 얼굴이나 헤어가 젖어도 괜찮다면 50℃ 정도의 따뜻한 물에 몇 분 동안 담가 놓는다. 겨울이라면 난로도 괜찮다. 가장 쉽고 추천할 만한 방법은 핫팩이다.

1. '전자레인지용 핫팩'은 설명서에 적힌 온도(약 40℃)로 데운다.
2. 헤드를 옆으로 돌려서 얼굴 채색 부분이 직접 닿지 않게 한다.
3. 핫팩에 헤드를 끼워 5분 정도 둔다.

3. 목을 앞뒤로 잘 잡고 뺀다.

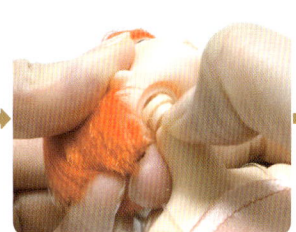

얼굴 채색 부분에 손이 닿지 않도록 헤드를 옆으로 돌리고, 보디의 목 부분을 앞뒤로 잘 잡는다.

양쪽 귀를 누르며 등 쪽으로 기울이면 목 연결 부위가 보인다.

목 연결 부위가 헤드 구멍에서 빠지기 시작하면 목의 상단 부위를 잡아 헤드를 빼낸다.

보디에 끼울 때도 마찬가지다. 단단한 헤드를 따뜻하게 하면 파손될 우려가 적다.

SEKIGUCHI momoko

2005년 메이저에 데뷔했을 때부터 2016년 여름까지 세키구치에서 발매된 모델이다.

일부 상품은 「세키구치 팬 다이렉트 샵(SFDS)」 한정이다.

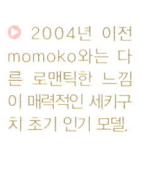

▶ 세키구치 momoko DOLL 데뷔 모델. 호박색 안경도 포함되었다.

Afternoon Class Cancellation
오후는 휴강
2005.4.1 ￥7,800

① 쿨(SK)+MB01
② L_브라운 ③ - ④ 핑크 계열
⑤ 스마일_코랄 핑크 ⑥ 내추럴
⑦ 소프트 블랙x마호가니 브라운

▶ 2004년 이전 momoko와는 다른 로맨틱한 느낌이 매력적인 세키구치 초기 인기 모델.

▶ 「idol 전」 한정 미니 사진집 「idol-momoko DOLL in GUAM」 포함이다.

With My Puppy
강아지와 함께
2005.4.1 ￥7,800

① 쿨(SK)+MB01 ② L_라이트 블루 그레이, ↑2 ③ 베이지 핑크 ④ 핑크 계열
⑤ 스마일 클리어 핑크 ⑥ 내추럴 ⑦ 허니 브라운

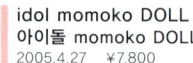

idol momoko DOLL
아이돌 momoko DOLL
2005.4.27 ￥7,800

① 쿨(SK)+MB01 ② L_브라운
③ - ④ 핑크 계열 ⑤ 오버 립_누드 오렌지
⑥ 내추럴 ⑦ 체리 브라운

▶ 레오파드 캐미솔은 오리지널 프린트. 핑크x실버 티어드롭 선글라스는 이 세트에만 포함되었다.

Glitter Night
글리터 나이트
2005.5.21 ￥7,800

① 쿨(SK)+MB01 ② L_브라운, ↑4 ↑7
③ 그레이시 브라운+페일 블루 라인
④ 핑크 계열 ⑤ 오버 립_내추럴 핑크
⑥ 내추럴 ⑦ 딥 허니 브라운

▶ momoko DOLL 로고가 새겨진 쇼핑백 안에 「idol momoko」와 같은 오렌지 비키니가 들어 있다.

Get Ready, Summer!
겟 레디 서머!
2005.5.21 ￥7,800

① 쿨(SK)+MB01 ② L_다크 그레이, ↑2
③ 라이트 베이지+라인(가는 선)
④ 핑크 계열+주근깨 ⑤ 오버 립_라이트 코랄 핑크
⑥ 내추럴 ⑦ 다크 브라운

▶ 스커트는 8쪽이 이어진 섬세한 디자인이다.

Nine to Five
나인 투 파이브
2005.6.18 ￥7,800

① 쿨(SK)+MB01 ② C_브라운, ↑2
③ 펄 라이트 브라운 ④ 핑크 계열
⑤ 스마일_클리어 코랄 핑크
⑥ 내추럴 ⑦ 딥 허니 브라운

▶ 펑키 스타일의 패션과 메이크업으로 인기를 모았다.

Pure Violet
퓨어 바이올렛
2005.6.18 ￥7,800

① 쿨(SK)+MB01(왼쪽 가슴에 나비 타투)
② C_그레이시 브라운, ↑2
③ 전체 그레이+눈시울 화이트 펄 ④ - ⑤ 스마일_클리어 코랄 핑크 ⑥ 내추럴
⑦ 애시 브라운x블론드

○ 몬치치 인형 얼굴이 프린트된 탱크 탑을 입었다. 치마는 전통 타탄체크를 퀼트 스타일로 만들었다.

○ 밀리터리 스타일 백팩과 흰색 체인이 연결된 월렛이 포함되었다.

○ 앨리스를 모티브로 한 인기 제품. 블라우스와 스커트를 핑크로 바꾼 「패션 세트 WUF003」이 2007년 11월에 발매됐다.

○ 벨트 장식 가방 패턴은 2012년 발간된 「세키구치 다이렉트 북 VOL.1」에 게재됐다.

School Girl Mix
스쿨 걸 믹스
2005.7.23　￥7,800

① 쿨(SK)+MB01
② L_다크 브라운
③ – ④ 핑크 계열
⑤ 스마일 클리어 핑크
⑥ 내추럴 ⑦ 다크 브라운

Vanilla Wafer
바닐라 웨이퍼
2005.7.23　￥7,800

① 쿨(SK)+MB01
② L_다크 그레이, ↑2
③ 라이트 베이지 ④ 핑크 계열
⑤ 스마일_클리어 코랄 핑크
⑥ 내추럴 ⑦ 소프트 블랙

Everyday B-Girl
2005.8.20　￥7,800

① 쿨(SK)+MB01
② L_다크 브라운, ↑4 ↓7
③ 그레이시 브라운+화이트 펄 라인
④ 레드 계열 ⑤ 오버 립 클리어 코랄 핑크 ⑥ 내추럴 ⑦ 소프트 블랙

Baby Blue Labyrinth
하늘색 라비린스
2005.8.20　￥7,800

① 쿨(SK)+MB01 ② L_라이트 블루, ↑2
③ 피치 핑크 ④ 레드 계열
⑤ 스마일_라이트 코랄 핑크
⑥ 내추럴 ⑦ 페일 블론드

○ 세키구치 momoko DOLL 첫 번째 선탠 피부, 체리가 프린트된 쇼츠는 섹시한 디자인이다.

○ 전체에 안감을 대고 슬림하게 만든 트렌치코트는 초기 세키구치 momoko DOLL 의상 중 명작으로 꼽힌다.

○○ 가운 안에 입은 네글리제가 무척 귀엽다. PINK 버전은 「DOLL SHOW 15」 momoko 온라인샵 한정. 헤어 컬러에 맞춰서 눈썹 컬러도 옅은 색.

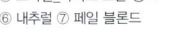

PINK Ver.

○ 시폰을 덧댄 푸크시아 핑크 톤 드레스가 화려하다. 손에 이염되기 쉬우므로 만질 때는 주의가 필요하다.

Sugary Cafe au Lait
카페오레에 각설탕
2005.10.4　￥7,800

① 쿨(SK)+MB01
② L_다크 브라운, ↑2 ③ 페일 블루
④ 레드 계열 ⑤ 스마일 클리어 코랄 핑크
⑥ 내추럴 ⑦ 초콜릿 브라운

Good Night, Cherry
굿나잇 체리(2종)
2005.10.4, PINK:10.10　각 ￥7,800

① 쿨 I MB01 ② L_라이트 브라운, ↑2
③ 핑크 베이지 ④ 핑그 계열
⑤ 스마일 플럽 핑크 ⑥ 내추럴
⑦ 마호가니 브라운 (PINK: 핑크)

Wild & Sexy Tune
와일드 섹시 툰
2005.12.10　￥7,800

① 쿨+MB01 ② C_페일 블루, ↑4 ↓7
③ 전체 펄 시나몬 ④ 레드 계열
⑤ 오버 립 스모키 핑크 ⑥ 선탠
⑦ 미디엄 브라운x라이트 애시 브라운

Miracle Party Girl
미러클 파티 걸
2005.12.15　￥7,800

① 쿨(SK)+MB01 ② L_아쿠아 그린, ↑2
③ 브라운 베이지 ④ 레드 계열
⑤ 스마일_푸크시아 핑크
⑥ 내추럴 ⑦ 페일 브라운

① 페이스+보디 ② 눈동자 ↑↓속눈썹 ③ 아이 메이크업 ④ 블러셔 ⑤ 입 ⑥ 피부+네일 ⑦ 헤어

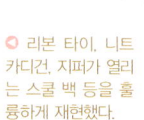

▷ 리본 타이, 니트 카디건, 지퍼가 열리는 스쿨 백 등을 훌륭하게 재현했다.

▷ 세키구치 momoko DOLL로는 첫 번째 미백 피부. 오리지널 푸들 무늬 원단의 로리타 의상이 귀엽다.

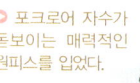

▷ 「와일드 섹시 툰」의 눈과 동일하다.

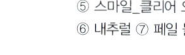

▷ 포크로어 자수가 돋보이는 매력적인 원피스를 입었다.

Dash! After School
수업 끝, 서둘러!
2006.1.31 ￥7,800

① 쿨+MB01 ② L_그레이시 브라운, ↑2
③ - ④ 레드 계열
⑤ 스마일_클리어 코랄 핑크 ⑥ 내추럴
⑦ 소프트 블랙x마호가니 브라운

Sweet Poodle
스위트 푸들
2006.1.31 ￥7,800

① 쿨(SK)+MB01 ② C_다크 브라운, ↑3 ↓3
③ 브라운 베이지 ④ 핑크 계열
⑤ 스마일_라이트 코랄 핑크
⑥ 미백 ⑦ 초콜릿 브라운

GO FOR VICTORY!!!
2006.2.28 ￥7,800

① 쿨(SK)+MB01 ② C_페일 블루, ↑4 ↓7
③ 전체 펄 시나몬 ④ 레드 계열
⑤ 스마일_클리어 오렌지
⑥ 내추럴 ⑦ 페일 블론드

Lovely Folklore
러블리 포크로어
2006.4.7 ￥7,800

① 쿨(SK)+MB01
② L_아쿠아 그린, ↑2 ③ 핑크 베이지
④ 핑크 계열 ⑤ 스마일_라이트 오렌지
⑥ 미백 ⑦ 레몬 블론드

▷ 일러스트레이터 칸바라 쿠리에가 디자인한 후리소데는 깃털 무늬가 섬세하게 들어간 스페셜 버전이다.

▷▷ 리얼한 질감의 모즈 코트로 인기 있는 모델. RED 버전은 「Gothic, Lolita, Punk DOLLS 페어」 한정으로 메이크업은 일반 버전과 동일. RED 버전의 하이커트 스니커즈는 끈이 흰색이다.

Midnight Crossing
심야의 횡단보도(2종)
2006.3.31, RED : 4.15 각 ￥7,800

① 쿨(SK)+MB01 (왼쪽 가슴 타투)
② L_바이올렛, ↑4 ↓7
③ 펄 라이트 블루＋화이트 펄
④ 핑크 계열 ⑤ 스마일_로즈 베이지
⑥ 내추럴 (RED : 미백)
⑦ 리얼 블랙 (RED : 레드)

RED ver.

Snow White/백설
2006.4.30 ￥12,800

① 쿨(SK)+MB01 ② L_세이지 그린, ↑3 ↓3
③ 그레이시 브라운 ④ 레드 계열
⑤ 스마일_레드 ⑥ 미백 ⑦ 리얼 블랙

◑ 카나가 디자인한 고딕 로리
타 패션의 인기 모델. 마메 mo
moko와 같은 디자인의 옷을
입었다. 망사 스타킹은 다리에
이염되기 쉬우니 주의.

◑ 재킷 안쪽에 카나를
상징하는 트럼프 스페
이드 마크가 있다.

◑ 구성 상품인 캡
은 2004년 PW에
서 발매된 것보다
약간 크게 개량된
세키구치 제품이다.

Day-Off Delight
갑자기 쉬는 시간
2006.4.30　¥7,800

① 쿨(SK)+MB01 ② C_다크 브라운, ↑2
③ 브라운 베이지 ④ 오렌지 계열
⑤ 오버 립_누드 클리어 오렌지 ⑥ 내추럴
⑦ 마호가니 브라운x핑키시 브라운

momoko DOLL as KANA
Polka Dot Dress/물방울 원피스
2006.4.15　¥12,800

① 쿨(SK)+MB01 ② L_카페오레 컬러, ↑2 ③ 오렌지 베이지 ④ 레드 계열
⑤ 스마일_라이트 플럼 핑크 ⑥ 내추럴 ⑦ 레몬 블론드

momoko DOLL as KANA
Black Jacket/블랙 재킷
2006.6.17　¥12,800

①~⑦ 물방울 원피스와 동일

◑ 최초의 웨딩드레스. 오버 드
레스를 벗으면 대담한 미니 드
레스가 되는 투웨이 디자인이
다. 썸씽 블루 가터벨트도 포함.

Dramatic Bride
드라마틱 브라이드
2006.6.17　¥14,800

① 쿨(SK)+MB01
② C_디그 그레이, ↑3 ↓3
③ 피치 핑크 ④ 레드 계열
⑤ 스마일 클리어 코랄 핑크
⑥ 내추럴 ⑦ 소프트 블랙

◑ 탱크 재킷과 스커트를 벗으면 홀터
탑과 사이드 링 쇼트 비키니 차림이다.

Beach Rodeo
2006.7.1　¥7,800

① 쿨(SK)+MB01 ② L_다크 올리브, ↑2
③ 옐로 ④ 레드 계열 ⑤ 오버 립_스모키 핑크
⑥ 선탠 ⑦ 체리 브라운

◑ 해바라기 무늬의 오리지널 원단
으로 만든 유카타. 상기된 듯 귓불
까지 채색된 귀여운 여름 미인이다.

Love, Yukata Summer
해바라기는 여름의 사랑
2006.7.15　¥7,800

① 쿨(SK)+MB01
② L_브라운, ↑2
③ 그레이시 브라운
④ 레드 계열+귓볼 블러셔
⑤ 스마일 클리어 코랄 레드
⑥ 마백 ⑦ 메이플 브라운

◑ 최초의 오른쪽
눈동자. 상냥한 얼
굴과 향수를 불러
일으키는 패션 덕
분에 변함없는 인
기를 누리는 모델.

Marrons Glaces
마롱글라세
2006.9.30　¥7,800

① 쿨(SK)+MB01 ② R_라이트 브라운, →1 ↓2
③ 그레이시 브라운 ④ 레드 계열
⑤ 글래메[치카 부위] 클리어 오렌지
⑥ 내추럴 ⑦ 애시 허니 브라운

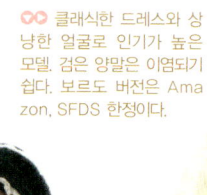

리얼한 라이더 스타일과 본격적인 펑크풍으로 팬이 많은 momoko. 핑크 러버 솔(이세탄은 흰색) 포함. 이세탄 버전은 「momoko DOLL meets ISETAN Shinjyuku」 한정.

클래식한 드레스와 상냥한 얼굴로 인기가 높은 모델. 검은 양말은 이염되기 쉽다. 보르도 버전은 Amazon, SFDS 한정이다.

ISETAN Ver.

Mama Told Me (2종)
2006.10.2, ISETAN : 11.15 각 ¥14,800

① 쿨(SK)+MB01 ② L_라이트 올리브, ↑2
③ 전체 그레이+눈시울 화이트 펄 ④ 레드 계열
⑤ 스마일_누드 클리어 핑크 ⑥ 미백
⑦ 리얼 블랙x핑크 (ISETAN: 화이트)

BORDEAUX Ver.

Antique Dreaming 앤티크 드리밍 (2종)
2006.11.9, BORDEAUX : 11.14 각 ¥9,800

① 쿨(SK)+MB01 ② R_세피아, ㅡ¬ ↓2
③ 그레이시 브라운 ④ 오렌지 계열+주근깨
⑤ 글래머_클리어 오렌지 ⑥ 내추럴
⑦ 페일 브라운 (BORDEAUX: 페일 블론드)

팬들의 투표로 결정하는 「모두가 만드는 momoko DOLL」 제1탄. 재킷 안에는 코튼 스커트를 입었다.

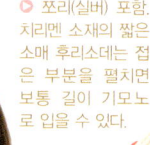

쪼리(실버) 포함. 치리멘 소재의 짧은 소매 후리소데는 접은 부분을 펼치면 보통 길이 기모노로 입을 수 있다.

동그스름한 미디엄 샤기 커트 헤어에 옅은 메이크업이 부드러운 느낌을 준다.

시원한 눈매가 매력적이다. 구성에 포함된 웨지 솔 펌프스는 벨루어 재킷과 어울리도록 기모 소재로 만들었다.

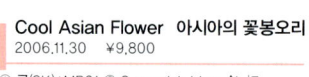

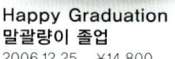

FAN VOTE momoko DOLL 2006
모두가 만드는 momoko DOLL 2006
2006.12.19 ¥9,800

① 쿨(SK)+MB01 ② L_다크 그레이, ↑2 ③ 시나몬 베이지
④ 오렌지 계열 ⑤ 스마일_클리어 코랄 핑크
⑥ 미백 ⑦ 딥 핑키시 브라운

Cool Asian Flower 아시아의 꽃봉오리
2006.11.30 ¥9,800

① 쿨(SK)+MB01 ② C_그레이시 블루, ↑1 ↓7
③ 전체 gray ④ red 계열
⑤ 글래머(치아 보임)_클리어 코랄 핑크
⑥ 미백 ⑦ 코퍼 브라운

Happy Graduation
말괄량이 졸업
2006.12.25 ¥14,800

① 쿨(SK)+MB01 ② L_브라운, ↑2 ③ 베이지 핑크
④ 레드 ⑤ 스마일_클리어 체리 레드
⑥ 미백 ⑦ 다크 브라운

I Wanna Be a BOY
2007.2.10 ¥9,800

① 쿨(SK)+MB01 ② L_페일 브라운, ↑2
③ 페일 브라운+그레이시 브라운 쌍꺼풀 라인
④ 레드 계열 ⑤ 글래머_클리어 코랄 핑크
⑥ 미백 ⑦ 메이플 브라운

Deep Sea Ver.

◑ 발레 슈즈(핑크) 포함. 굵은 컬 헤어와 소녀 감성이 물씬 풍기는 꽃무늬 캐미솔 원피스는 큰 사랑을 받았다.

◑ 모즈 룩이 유행하던 1960년대의 패션 돌 분위기가 나는 두꺼운 컬 헤어가 개성 넘친다.

◐ Amazon, SFDS 한정으로 판매된 Deep Sea 버전은 헤어 컬러가 다르고 원피스도 옅은 핑크로 다르다.

Whiter Shade of Pure Blue 투명한 푸른 환색(2종)
2007.2.24, Deep Sea: 2.26 각 ¥9,800

① 쿨(SK)+MB01 ② L_딥 블루 그레이, ↑2 ③ 시나몬 베이지
④ 레드 계열 ⑤ 글래머_클리어 코랄 핑크 ⑥ 내추럴
⑦ 허니 브라운 (Deep Sea: 소프트 블랙x마호가니 브라운)

Darling Denim Angel
가장 사랑하는 데님 엔젤
2007.4.29 ¥14,800

① 쿨(SK)+MB01 ② L_페일 브라운, ↑2 ↓7
③ 페일 그린+올리브 그린 쌍꺼풀 라인
④ 레드 계열 ⑤ 글래머(치아 보임)_라이트
플럼 핑크 ⑥ 미백 ⑦ 딥 허니 브라운

Groovy Baby
2007.6.30 ¥9,800

① 쿨(SK)+MB01 ② C_올리브 그린, ↑4 ↓7
③ 전체 골든 브라운+올리브 그린 쌍꺼풀 라인
④ 레드 계열 ⑤ 글래머_누드 클리어 오렌지
⑥ 내추럴 ⑦ 다크 브라운

WHITE Ver.

RED Ver.

◑◑ 매트한 질감으로 리뉴얼된 흰 피부에 진한 블러셔, 클래식한 드레스로 귀여움을 내뿜는다. WHITE 버전은 Amazon, SFDS 한정.

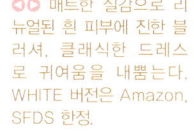

Menuette at Summer Getaway 피서지의 미뉴엣 (2종)
2007.6.16, WHITE: 6.27 각 ¥9,800

◐ 리얼 속눈썹과 관절 도장을 한 보디의 Special Edition 제1탄. 가슴 쪽에 프릴이 달린 퍼프 슬리브 블라우스가 무척 섬세하다. RED 버전은 타이완 한정(해외 독자 기획).

Girl's End (2종)
2007.11.3 ¥19,800, RED: 11.9 US $225

① 쿨(3A) IMD01(레드 계열 관절 도장) ② C_그레이시 브라운, 리얼 속눈썹
③ 그레이 ④ ─ ⑤ 글래머(치아 보임)_레드 ⑥ 내추럴x다크 레드
⑦ 애시 허니 브라운 (RED: 소프트 블랙)

① 쿨(SK)+MB01 ② L_그레이시 블루, ↑2 ③ 베이지 핑크 ④ 데루 계열
⑤ 글래머_클리어 코랄 핑크 ⑥ 미백 ⑦ 블론드 (WHITE: 핑키시 블론드)

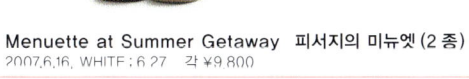
① 페이스 + 보디 2 눈동자 ↑↓ 속눈썹 3 아이 메이크업 4 블러셔 5 입 6 피부 + 네일 7 헤어

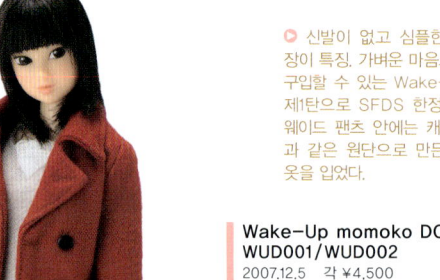

○ 신발이 없고 심플한 복장이 특징. 가벼운 마음으로 구입할 수 있는 Wake-Up 제1탄으로 SFDS 한정. 스웨이드 팬츠 안에는 캐미솔과 같은 원단으로 만든 속옷을 입었다.

Wake-Up momoko DOLL
WUD001/WUD002
2007.12.5 각 ¥4,500

① 쿨(SK)+MB01 ② L_세피아. ↑2
③ WUD001: 베이지 핑크 / WUD002: 브라운 베이지 ④ 레드 계열
⑤ 스마일_누드 클리어 오렌지
⑥ 내추럴 ⑦ WUD001: 브라운 / WUD
002: 미디엄 브라운

Apple Ver.   001   002

○ 피 코트 안에 레이어드 스타일 니트(커트 앤드 소운)를 입었다. 일반 버전과 Apple 버전은 원단 느낌에서 차이가 난다.

Slow Smile Trad
슬로 스마일 트래디셔널 (2종)
2007.11.17, Apple : 12.1 각 ¥9,800

① 쿨(SK)+MB01 ② L_다크 브라운. ↑2
③ 오렌지 베이지 ④ 레드 계열
⑤ 스마일_코랄 핑크 ⑥ 내추럴
⑦ 체리 브라운 (Apple: 소프트 블랙)

○ 2007년 모두가 만드는 momoko는 「밀리터리 걸」로 SFDS, Amazon 한정이다. 슈트 안에 블랙 캐미솔과 언더쇼츠를 입었다.

○ 실버 코트 안에 아름다운 블랙 앤 화이트의 블록 드레스를 입었다.

FAN VOTE momoko DOLL 2007
모두가 만드는 momoko DOLL 2007
2008.1.25 ¥9,800

① 쿨(SK)+MB01 ② L_그린. ↑2 ③ 그레이시 브라운
④ 오렌지 계열 ⑤ 글래머_누드 클리어 오렌지
⑥ 미백 ⑦ 브라운 레드

○ 이벤트 「Twinkle Spring Collection by momoko DOLL」 한정. 아름다운 순백색 헤어는 변색이 거의 되지 않는다.

Holy Night 홀리 나이트
2007.12.5 ¥12,800

① 쿨(SK)+MB01 ② C_브라운. ↑2
③ 브라운 베이지 ④ 레드 계열
⑤ 스마일_매트 코랄 오렌지 ⑥ 미백 ⑦ 화이트

Silver Crescent
실버 크레센트
2007.12.12 ¥9,800

① 쿨(SK)+MB01
② L_그레이시 그린. ↑2 ↓7
③ 펄 화이트+그레이시 그린 쌍꺼풀 라인
④ 핑크 계열 ⑤ 글래머_매트 핑크
⑥ 미백 ⑦ 애시 블론드

○ 새하얀 코트 안에는 흰색 긴팔 셔츠와 점퍼스커트처럼 보이게 레이어드 된 네이비 원피스를 입었다. 내추럴한 귀여움으로 오래 사랑받아온 momoko.

Winter Bus Stop 겨울의 버스 정류장
2008.3.8 ¥9,800

① 쿨(SK)+MB01 ② L_다크 브라운. ↑2
③ 그레이시 브라운 ④ 레드 계열
⑤ 스마일_라이트 코랄 핑크 ⑥ 내추럴 ⑦ 미디엄 브라운

◐ 리얼 속눈썹과 관절 도장의 특별 구성 momoko. 은은한 핑크 빛이 도는 블론드 헤어와 연분홍색 가운이 아름답다. 은색 토르소가 포함된 SFDS 한정 모델.

Midnight Rose
2008.3.31　¥19,800

① 쿨(SK)+MB01(핑크 계열 관절 도장)
② L_페일 브라운, 리얼 속눈썹
③ 라이트 브라운+브라운 쌍꺼풀 라인 ④ 핑크 계열
⑤ 글래머_누드 클리어 핑크
⑥ 미백+페일 핑크
⑦ 페일 핑크 블론드

◐ 「스위트 푸들」의 헤어스타일을 변경했다. F. L. C. 오리지널 탱크 탑을 코디한 특별 기획 작품으로 SFDS 한정.

◐ 「러블리 포크로어」를 모델로 QP 오리지널 노슬리브 블라우스를 코디한 특별 기획 작품. SFDS 한정.

Arranged momoko DOLL F.L.C. Ver.
2008.5.10　¥8,800

① 쿨(SK)+MB01 ② C_다크 브라운, ↑3 ↓3
③ 브라운 베이지 ④ 핑크 계열
⑤ 스마일_라이트 코랄 핑크
⑥ 미백 ⑦ 초콜릿 브라운

Arranged momoko DOLL QP Ver.
2008.5.10　¥8,800

① 쿨(SK)+MB01 ② L_아쿠아 그린, ↑2
③ 핑크 베이지 ④ 핑크 계열
⑤ 스마일_라이트 오렌지
⑥ 미백 ⑦ 레몬 블론드

◐ 안경을 벗으면 훨씬 어른스러운 미인형이다.

◐ 리얼 속눈썹과 관절 도장한 보디가 특징인 스페셜 버전이다.

◐ 「momoko 7」 전시회장, SFDS 한정. 「황혼의 피앙세」의 관절 도장 보디와 의상에 「CCS 08 AN Dorothy」의 헤드와 메이크업을 적용했다(헤어 컬러는 다르다).

Berry Hunter
2008.6.20　¥9,800

① 쿨(SK)+MB01 ② L_딥 그린, ↑2
③ 펄 화이트+그레이시 그린 쌍꺼풀 라인
④ 레드 계열 ⑤ 글래머_클리어 코랄 핑크
⑥ 내추럴 ⑦ 초콜릿 브라운

**Twilight Fiancee
황혼의 피앙세**
2008.5.30　¥19,800

① 쿨(SK)+MB01(레드 계열 관절 도장)
② L_딥 블루, 리얼 속눈썹
③ 그레이+페일 블루 쌍꺼풀 라인
④ 레드 계열 ⑤ 글래머_△칼렛(세미 글로스)
⑥ 내추럴 ⑦ 소프트 블랙

**Twilight Fiancee with CCS
황혼의 피앙세 with CCS**
2008.8.8　¥18,096

① 쿨(SK)+MB01(레드 계열 관절 도장)
② L_크림 베이지, ↑2 ③ 피치 베이지
④ 핑크 계열 ⑤ 오버 린_클리어 핑크
⑥ 내추럴 ⑦ 핑키시 브라운

①페이스＋보디 ②눈동자 ↑속눈썹 ③아이 메이크업 ④블러셔 ⑤입 ⑥피부＋네일 ⑦헤어

Happy Summer Guaranteed
약속된 해피 서머
2008.9.14　¥12,800

① 쿨(SK)+MB01
② L_다크 브라운, ↑2 ↑7
③ 실버+모스 그린 쌍꺼풀 라인
④ 핑크 계열
⑤ 글래머_파스텔 핑크
⑥ 미백 ⑦ 코퍼 브라운

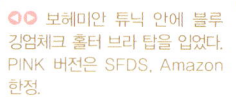

○ 7주년 기념 파티 드레스로 2가지 코디네이션이 포함된 스페셜 모델이다. 「momoko 7」 전시회장, SFDS 한정.

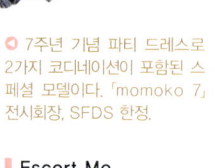

Escort Me
2008.8.8　¥28,000

① 쿨(SK)+MB01
② L_블루 그레이, ↑2 ↑7
③ 그레이시 브라운 ④ 레드 계열
⑤ 스마일_레드 ⑥ 미백
⑦ 코퍼 브라운

○○ 보헤미안 튜닉 안에 블루 깅엄체크 홀터 브라 탑을 입었다. PINK 버전은 SFDS, Amazon 한정.

Happy Summer Guaranteed PINK Ver.
약속된 해피 서머
2008.10.3　¥12,800

①② 약속된 해피 서머와 동일
③ 실버+옐로 브라운 쌍꺼풀 라인
④ 레드 계열 ⑤ 글래머_페일 핑크
⑥ 선탠 ⑦ 페일 브라운

○○ 사이드로 맨 토트백 안에 휴대 전화가 들어 있다. Green 버전 「첫사랑」은 SFDS, Amazon 한정.

Green Ver.

Cosmos Sweetheart
코스모스의 짝사랑, 코스모스의 첫사랑 (Green Ver.)
2008.10.25, GREEN : 10.29　¥12,800

① 쿨(SK)+MB01 ② L_블루 그린, ↑2
③ 베이지+브라운 베이지 쌍꺼풀 라인 ④ 레드 계열
⑤ 스마일_누드 코랄 오렌지 ⑥ 미백
⑦ 페일 허니 블론드 (GREEN: 핑키시 브라운)

○ 레오파드 무늬의 캡에 검은 스키니 진을 입었다. 빨간색 체크무늬 힙 플랩도 포함.

○ 줄무늬 캐미솔과 언더쇼츠 세트로 둘 다 SFDS 한정이다.

Wake-Up momoko DOLL WUD003
2008.11.26　¥5,800

① 쿨+MB01 ② L_세피아, ↑2
③ 베이지 핑크 ④ 레드 계열
⑤ 스마일_클리어 코랄 핑크
⑥ 내추럴 ⑦ 소프트 블랙

Wake-Up momoko DOLL WUD004
2008.11.26　¥5,800

①②④~⑥ WUD003와 동일
③ 그레이시 브라운
⑦ 딥 옐로 블론드

Lazy Seventeen
2008.11.28　¥12,800

① 쿨(SK)+MB01
② L_그레이시 블루, ↑2 ↑7
③ 전체 그레이+눈시울 화이트 펄
④ 핑크 계열 ⑤ 오버 립_라이트 플럼 핑크
⑥ 미백 ⑦ 애시 브라운

○ 투표 결과는 '왼쪽
눈, 3줄 속눈썹+아래
속눈썹'으로 「백설」과
같은 눈이었으나 일본
산 헤드 사양의 '위 속
눈썹 2줄'로 변경하여
발매됐다. SFDS 한정
으로 검은 벨루어 파카
에서 이염되기 쉽다.

BLACK Ver.

SILVER Ver.

○ 관절 도장된 보
디의 스페셜 에디션.
청초한 무른색 산퉁
실크 드레스와 따뜻
한 케이프가 클래식
한 느낌이다.

FAN VOTE momoko DOLL 2008 모두가 만드는 momoko DOLL 2008 (2종)
▶ 2009.1.29   각 ¥12,800

① 쿨(SK)+MB01 ② L_페일 블루 그레이, ↑2 ③ 화이트 펄
④ 레드 계열 ⑤ 스마일_레드 ⑥ 미백 ⑦ BLACK: 소프트 블랙 /SILVER: 실버

Alice in Snow Forest 눈 내린 숲의 앨리스
▶ 2008.12.26   ¥19,800

① 쿨(SK)+MB01(핑크 계열 관절 도장) ② L_라이트 그레이, ↑2 ③ 피치 베이지
④ 핑크 계열 ⑤ 스마일_페일 베이비 핑크 ⑥ 미백+페일 핑크 ⑦ 페일 블론드

○ 다운 코트의 질
감이 사실적이다.
헤어 컬러가 다른
BITTER 버전은
Amazon, SF DS
한정. 다운 코트의
소맷부리에서 손으
로 이염되기 쉽다.

BITTER Ver.

○ 가볍고 동그란 버
섯 머리 보브 스타
일에 클리어 소재의
리본 장식을 달았다.
왼손에 클리어 뱅글
을 착용했다.

○ 리본이 달린
핑크 탑에 부드
럽고 동그랗게
말린 컬 헤어가
로맨틱하다.

Miss Weekday (2종)
▶ 2009.3.20, BITTER:3.26   각 ¥12,800

① 쿨(SK)+MB01 ② L_브라운, ↑2 ③ 시나몬 오렌지 ④ 핑크 계열
⑤ 스마일_코랄 핑크 ⑥ 내추럴 ⑦ 애시 브라운 (BITTER' 다크 레드 브라운)

**Space Rendezvous
우주의 랑데부**
▶ 2009.4.10   ¥12,800

① 쿨(SK)+MB01 ② C_리벤디, ↑2
③ 화이드 펄 ④ 레드 계열
⑤ 스마일_크리미 고랄 핑크
⑥ 미백 ⑦ 코퍼 브라운

Love A La Mode 러브 아 라 모드
▶ 2009.5.10   ¥12,800

① 굴(SK)+MB01 ② L_나크 브라운, ↑2 ↑7
③ 썰 베이지+라이트 올리브 쌍꺼풀 라인
④ 레느 세칠 ⑤ 클래버_슬리어 코탈 오렌지
⑥ 미백 ⑦ 핑키시 브라운

①페이스+보디 ②눈동자, ↑↓속눈썹 ③아이 메이크업 ④블러셔 ⑤입 ⑥피부 + 네일 ⑦헤어

SKY Ver.

🔴 핑크빛이 살짝 감도는 피부에 내추럴한 오렌지 메이크업으로 소녀 느낌을 주는 귀여운 momoko. SKY 버전은 Amazon, SFDS 한정이다.

🔴🔴 005와 006 모두 SFDS 한정이다.

Wake-Up momoko DOLL WUD005
2009.5.13 ￥5,800

① 쿨(SK)+MB01
② L_그레이시 블루, ↑2
③ 베이지 ④ 핑크 계열
⑤ 스마일_라이트 플럼 핑크
⑥ 미백 ⑦ 핑키시 브라운

Wake-Up momoko DOLL WUD006
2009.5.13 ￥5,800

①③⑥ WUD005와 동일
② C_그레이시 블루, ↑2
⑦ 핑키시 블론드

Spring Forest 봄의 숲 (2종)
2009.5.2, SKY : 5.20 각 ￥12,800

① 쿨(SK)+MB01 ② C_브라운, ↑2
③ 오렌지 베이지 ④ 오렌지 계열
⑤ 스마일_클리어 코랄 오렌지 ⑥ 미백
⑦ 마호가니 브라운 (SKY: 페일 블론드)

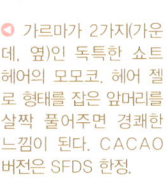

CACAO Ver.

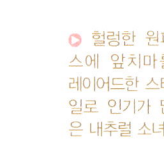

🔴 가르마가 2가지(가운데, 옆)인 독특한 쇼트 헤어의 모모코. 헤어 젤로 형태를 잡은 앞머리를 살짝 풀어주면 경쾌한 느낌이 된다. CACAO 버전은 SFDS 한정.

🔴 헐렁한 원피스에 앞치마를 레이어드한 스타일로 인기가 많은 내추럴 소녀.

🔴 올인원 안에 빨간 비키니를 입었다.

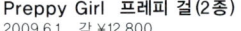

Preppy Girl 프레피 걸 (2종)
2009.6.1 각 ￥12,800

① 쿨(SK)+MB01 ② L_다크 브라운, ↑2 ③ 파스텔 오렌지+라이트 브라운 쌍꺼풀 라인
④ 레드 계열 ⑤ 스마일_라이트 핑크 ⑥ 미백 (CACAO: 내추럴)
⑦ 페일 블론드 (CACAO: 마호가니 브라운)

Natural Days 내추럴 데이즈
2009.7.1 ￥12,800

① 쿨+MB01 ② L_카멜 브라운, ↑2
③ 페일 베이지 ④ 레드 계열 ⑤ 스마일_라이트 오렌지
⑥ 미백 ⑦ 미디엄 브라운

Fruits of Passion 정열의 후르츠
2009.7.31 ￥12,800

① 쿨(SK)+MB01 ② L_그린, ↑2 ↓7
③ 라이트 그린+그린 쌍꺼풀 라인
④ 레드 계열+주근깨 ⑤ 오버 립_체리 핑크
⑥ 내추럴 ⑦ 코퍼 브라운

◑ 오묘한 블론드 헤어, 그린 그러데이션 눈매, 스모키 핑크 입술이 아름다워서 인기가 많은 momoko.

Lacy Modernist
2009.8.31　¥12,800

① 쿨(SK)+MB01
② C_세이지 그린, ↑2
③ 올리브+그린 싸꺼푸 라이+올리브 드랩(황갈색) 그러데이션+세이지 그린 라인 ④ 레드 계열
⑤ 오버 립_스모키 핑크 ⑥ 미백
⑦ 다크 블론드x애시 브라운

◐ 후드 조끼 안에 검은색 버튼다운 미니 드레스(넥타이 포함)를 입었다. 검정색 양말에서 벗어나기 쉽나.

Honey Wild
2009.8.10　¥12,800

① 쿨(SK)+MB01
② C_그레이시 브라운, ↑2
③ 라이트 그레이+골드 쌍꺼풀 라인+골드 그러데이션
④ 오렌지 계열
⑤ 스마일_누드 오렌지
⑥ 내추럴 ⑦ 페일 브라운

◑ 레그 워머, 귀마개 등 구성이 풍부한 아웃도어 캐주얼 세트. 리얼한 집업 나일론 파카는 이염되기 쉽다.

Outdoor Boyish
아웃도어 보이시
2009.10.5　¥12,800

① 쿨(SK)+MB01
② L_애시 브라운, ↑2
③ 파스텔 핑크+올리브 브라운 쌍꺼풀 라인 ④ 오렌지 계열
⑤ 스마일_플럼 핑크
⑥ 내추럴 ⑦ 코퍼 브라운

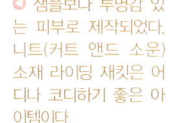

BLACK Ver.

◐ 섬세한 프릴 블라우스가 대단히 아름답다. 우아하고 품위 있는 분위기의 momoko.

◐ 샘플보다 투명감 있는 피부로 제작되었다. 니트(커트 앤드 소운) 소재 라이딩 재킷은 어디나 코디하기 좋은 아이템이다.

◐◑ 샘플보다 투명감 있는 피부로 제작되었다. 디테일한 코디네이션, 입술 색과 같은 핑크 스트랩 펌프스가 매력적이다. BLACK 버전은 SFDS 한정.

Orion's Sonata　오리온자리의 소나타
2009.11.28　¥12,800

① 쿨(SK)+MB01 ② L_다크 브라운, ↑2
③ 파스텔 핑크+라이트 브라운 쌍꺼풀 라인
④ 핑크 계열 ⑤ 스마일 코랄 핑크
⑥ 미백 ⑦ 코퍼 브라운

Sparkling 80's　반짝반짝 에이티즈
2010.1.22　¥12,800

① 쿨(SK)+MB01(위쪽 가슴 타투)
② L_애시 브라운, ↑↑7
③ 골드+블랙 라이 ④ 핑크 계열 ⑤ 샤프_누드 핑크
⑥ 미백 ⑦ 소프트 블랙x레드

Milk Tea Party　밀크티 파티 (2종)
2009.12.26, BLACK:2010.3.6　각 ¥12,800

① 쿨(SK)+MB01 ② L_그레이시 블루, ↑2
③ 파스텔 핑크+핑크 쌍꺼풀 라인 ④ 레드 계열 ⑤ 샤프_오페라 핑크
⑥ 미백 ⑦ 체리 브라운 (BLACK: 키언 블랙)

①페이스+보디 ②눈동자, ↑↓속눈썹 ③아이 메이크업 ④블러셔 ⑤입 ⑥피부+네일 ⑦헤어

Bitter Brown Ver.

BLOND Ver.

BROWN Ver.

◖◖ 쇼트 더플코트와 치노 팬츠가 봄 분위기를 물씬 풍긴다. 마린 스타일도 살짝, 소녀다운 양 갈래 머리의 Bitter Brown 버전은 SFDS 한정이다.

◖ 모두가 만드는 momoko 2009는 「카우걸 스타일」, CCS 09 AW에서 인기를 모은 캐츠아이 라인이다. SFDS 한정.

Early Spring Marina 초봄의 마리나 (2종)
2010.2.26, Bitter : 5.20   각 ¥12,800

① 쿨+MB01 ② C_크림 베이지, ↑2 ③ 크림 베이지 ④ 오렌지 계열
⑤ 오버 립_클리어 코랄 핑크 (Bitter: 라이트 코랄 핑크)
⑥ 내추럴 ⑦ 골든 브라운 (Bitter: 마호가니 브라운)

FAN VOTE momoko DOLL 2009 모두가 만드는 momoko DOLL 2009
2010.3.25   각 ¥12,800

① 쿨+MB01 ② L_페일 블루, →↑ ③ 흐린 옐로 베이지+그레이 라인 ④ 레드 계열
⑤ 오버_라이트 코랄 핑크 ⑥ 미백 ⑦ BLOND: 블론드 / BROWN: 딥 애시 블론드

◖◖ 정수리의 볼륨감을 살려 땋은 헤어스타일이 특징. 스니커즈를 신어 가벼운 느낌이다. 여름에 어울리는 Suntan 버전은 SFDS 한정.

◖ 「빨간 구두 소년 소녀 합창단」 제복을 본떠 만들었다. SFDS, 「요코하마 인형의 집」 한정이다.

Suntan Ver.

Ethnic Flower (2종)
2010.7.5, Suntan : 7.8   각 ¥12,800

① 쿨(SK)+MB01 ② L_다크 브라운, ↑2 ③ 펄 페이지+라이트 브라운 쌍꺼풀 라인
④ 오렌지 계열 (Suntan: 레드 계열) ⑤ 오버 립_라이트 오렌지 (Suntan: 스모키 핑크)
⑥ 내추럴 (Suntan: 선탠) ⑦ 코퍼 브라운

◖ 샤이니 골드 웨지 펌프스가 어울리는 어른스러운 분위기의 마린 스타일이다.

City in the Sea
2010.5.9   ¥12,800

① 쿨+MB01 ② L_그레이시 블루, ↑2
③ 라이트 브라운+골드 그레데이션 ④ 레드 계열
⑤ 샤프_매트 플럼 ⑥ 미백 ⑦ 애시 블론드x브라운

Red Shoes 빨간 구두
2010.8.8   ¥12,800

① 쿨+MB01 ② L_다크 브라운, ↑2
③ 페일 브라운 ④ 레드 계열
⑤ 스마일_클리어 핑크 ⑥ 내추럴 ⑦ 소프트 블랙

○ 컬러풀한 유
카타와 불꽃놀
이를 연상시키
는 화려한 헤어
스타일로 빛나
는 momoko.

○ IFDC 버전은
IFDC 2010, BIC
한정이다. 「반짝반
짝 에이티즈」와 같
은 타이츠와 하이
힐 펌프스도 포함
되었다.

BEIGE Ver.

∞ 내추럴 스타일
에 어울리는 굽 낮
은 T 스트랩 슈즈를
신었다. BEIGE 버
전은 SFDS 한정.

Fireworks Date 불꽃놀이 데이트
2010.7.31   ¥12,800

① 쿨 (SK)+MB01 ② L_페일 브라운, 12 ↓7
③ 페일 핑크+페일 브라운 쌍꺼풀 라인
④ 레드 계열 ⑤ 스마일_페일 베이비 핑크
⑥ 미백 ⑦ 허니 브라운

Fireworks Date
불꽃놀이 데이트 IFDC Ver.
2010.7.16   US $149

① 쿨 (SK)+MB01 (왼쪽 가슴 타투)
②~⑥ 불꽃놀이 데이트와 동일
⑦ 핑키시 브라운

Skip to the Sunlight Through the Trees   나무 아래 햇살과 함께 스킵 (2종)
2010.8.31   각 ¥12,800

① 쿨+MB01 ② L_웜 그레이, 12 ③ 모브 펄 ④ 레드 계열 ⑤ 스마일_누드 베이비 핑크
⑥ 미백 ⑦ 코퍼 브라운

BLOND Ver.

BLACK Ver.

∞ 트위드 재킷
에 보이프렌드 크
롬 재킷을 입었다.
BLOND 버전은
SFDS 한정.

∞∞ 후드 판초
안에 절개 디자
인의 니트(커트
앤드 소운)를 입
었다. BLACK
버전은 SFDS
한정.

Smart Tweed (2종)
2010.9.30   각 ¥12,800

① 쿨 (SK)+MB01 ② C 엘로 오커   1 ③ 화이트 펄 블랙 라인 ④ 레드 계열
⑤ 스마일_스모키 페일 핑크 ⑥ 내추럴 ⑦ 애시 브라운 (BLOND: 다크 블론드)

Fall in Wild Love (2종)
2010.11.10, BLACK : 12.24   각 ¥12,800

① 쿨 MB01 ② 디그 브라운, 12 ③ 시니몬 브라운 ④ 레드 게일 ⑤ 스마일_애프리코트 오렌지
⑥ 내추럴 ⑦ 스트로베리 브라운 (BLACK: 소프트 블랙)

① 페이스 + 보디 ② 눈동자, ↓↑ 속눈썹 ③ 아이 메이크업 ④ 블러셔 ⑤ 입 ⑥ 피부 + 네일 ⑦ 헤어

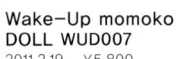

007 · 008

○○ 둘 다 SFDS 한정 모델, 2013년 8월에 재판매됐다.

Wake-Up momoko
DOLL WUD007
2011.2.19 ¥5,800

① 쿨+MB01 ② L_다크 브라운, ↑2
③ 누드 베이지 ④ 레드 계열
⑤ 스마일_라이트 코랄 핑크
⑥ 미백 ⑦ 코퍼 브라운

Wake-Up momoko
DOLL WUD008
2011.2.19 ¥5,800

①⑥ WUD007과 동일
② L_모스 그린, ↑2 ④ 오렌지 계열
⑤ 스마일_코랄 핑크
⑦ 마호가니 브라운

● 페이크 퍼로 장식한 백 프릴 공주풍 코트 안에 레오파드 무늬 캐미솔 원피스를 입었다.

Pinky Leopard
2011.1.25 ¥12,800

① 쿨(SK)+MB01 ② C_애시 브라운, ↑4 →↑ ↓7
③ 전체 골드+웜 그레이 라인 ④ 레드 계열
⑤ 글래머_페일 누드 베이지 ⑥ 미백 ⑦ 코퍼 브라운

● 화이트 코디네이션에 약간 스모키한 파스텔 컬러 momoko, 파스텔 핑크의 통통한 입술이 귀엽다.

Fluffy First Snow
첫눈이 소복소복
2011.3.9 ¥12,800

① 쿨(SK)+MB01
② L_그레이시 브라운, ↑2 ↓7
③ 페일 브라운 ④ 핑크 계열
⑤ 글래머_파스텔 핑크
⑥ 미백 ⑦ 코퍼 브라운

009 · 010

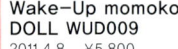

● 둘 다 SFDS 한정으로 2013년 1월에 재판매됐다.

Wake-Up momoko
DOLL WUD009
2011.4.8 ¥5,800

① 쿨+MB01
② C_모스 그린, ↑2
③ 누드 베이지 ④ 오렌지 계열
⑤ 스마일_클리어 핑크
⑥ 미백 ⑦ 페일 애시 블론드

Wake-Up momoko
DOLL WUD010
2011.4.8 ¥5,800

①③④ WUD009와 동일
② L_다크 브라운, ↑2
⑤ 스마일_라이트 코랄 핑크
⑦ 내추럴 ⑦ 애시 올리브 브라운

● 레이스 튜닉과 데미지 쇼트 데님을 입었다. 리본 머리띠도 포함.

● 모두가 만드는 momoko 2010은 「고딕 스타일」이다. 네이비 컬러의 헤어에 다크 톤의 플럼 립 메이크업을 했다.

FAN VOTE momoko DOLL 2010 모두가 만드는 momoko DOLL 2010
2011.3.31 ¥12,800

① 쿨+MB01 ② L_라이트 네이비, ↑2 →↑ ↓8
③ 라이트 블루 그레이+라이트 블루 그레이 그러데이션+다크 블루 그린 라인
④ 오렌지 계열 ⑤ 오버 립_다크 플럼 ⑥ 미백 ⑦ 네이비

So Cute Marine 심쿵 마린
2011.7.27 ¥12,800

① 쿨(SK)+MB01 ② C_브라운, ↑2 ↓7
③ 핑크 베이지+로즈 쌍꺼풀 라인+화이트 펄 그러데이션 ④ 핑크 계열 ⑤ 글래머_누드 베이지 핑크
⑥ 미백 ⑦ 다크 애시 브라운x페일 브라운

Peach Ver.

◑◑ 가슴의 프린트는 mo moko 10주년 「M10」 엠블럼 무늬이다. Peach 버전은 SFDS 한정.

◑ SFDS 한정 모델. 안경은 검정과 빨강 2가지 색이 포함되었다.

◑ 후드 상의 안에 자잘한 꽃무늬 프린트의 비키니를 입었다.

HIGH SCHOOL IDOL (2종)
2011.7.1   각 ¥12,800

① 쿨(SK)+MB01 ② L_모스 그린, ↱ㅓ
③ 다크 골드(브론즈 페이딩)+다크 그레이 라인 ④ 레드 계열
⑤ 글래머_체리 레드 (Peach: 페일 베이비 핑크) ⑥ 내추럴 ⑦ 애시 브라운

HIGH SCHOOL DEBUT
2011.9.22   ¥12,800

① 쿨+MB01 ② C_브라운, ↑2
③ 다크 브라운+펄 베이지 그러데이션 (오른쪽 눈 아래 점) ④ 레드 계열 ⑤ 스마일_누드 오렌지
⑥ 내추럴 ⑦ 소프트 블랙

Beach & Sun   바다와 태양
2011.9.18   ¥12,800

① 쿨+MB01 ② L_허니 브라운, ↑2
③ 흐린 옐로우 베이지 ④ 레드 계열+주근깨
⑤ 스마일_클리어 핑크 ⑥ 내추럴
⑦ 허니 브라운

◑◑ momoko 10주년 기념으로 DHEXs/DHEXI 각각에 1/36 사이즈 초대 momoko가 포함되었다. 1/36을 넣을 수 있도록 망사 에이프런에는 포켓이 있다. SFDS 한정 모델.

DHEXs

Love DHEXs
2011.8.31   ¥12,800

① 쿨(SK)+MB01
② L_페일 브라운, ↑2
③ 옐로 베이지
④ 오렌지 계열
⑤ 스마일_라이트 오렌지
⑥ 내추럴 ⑦ 소프트 블랙

Love DHEXI
2011.8.31   ¥12,800

①~⑥ Love DHEXs와 동일
⑦ 라이트 허니 브라운

DHEXI

◑◑ SFDS 한정 모델로 011은 2012년 8월에 재판매됐다.

Wake-Up momoko DOLL WUD011
2011.10.17   ¥5,800

① 쿨+MB01 ② L_레드 브라운, ↑2
③ 라이트 그린 ④ 레드 계열
⑤ 샤프_코랄 핑크
⑥ 내추럴 ⑦ 소프트 블랙

Wake-Up momoko DOLL WUD012
2011.10.17   ¥5,800

① 쿨+MB01
② L_다크 브라운 그레이(회갈색), ↑2
③ 비비드 핑크 ④ 핑크 계열
⑤ 샤프_페일 누드 핑크
⑥ 기백 ⑦ 마호가니 브라운

①페이스+보디 ②눈동자 ⑪속눈썹 ③아이 메이크업 ④블러셔 ⑤입 ⑥피부+네일 ⑦헤어

○ KID BLUE 각 점포에 한정 판매. 2012년 4월에 SFDS에서 수주 재생산되었다. 무늬와 디자인도 리얼 사이즈와 똑같이 재현.

○ 모두가 만드는 momoko 2011은 「숲속의 소녀」로 리뉴얼한 오른쪽 눈을 사용. 니트 원피스 안에는 작은 꽃무늬 노슬리브 원피스를 입었다.

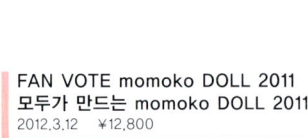

Strawberry Ver.   Platinum Ver.

KID BLUE momoko DOLL (2종)
2012.2.15   각 ¥19,800

① 쿨+MB01 ② L_라이트 모스 그린, ↑2
③ 피치 베이지+연한 브라운 라인
④ 오렌지 계열 ⑤ 스마일_페일 코랄 오렌지 ⑥ 미백
⑦ Strawberry: 애프리코트 브라운 / Platinum: 화이트

FAN VOTE momoko DOLL 2011
모두가 만드는 momoko DOLL 2011
2012.3.12   ¥12,800

① 쿨+MB01 ② R_라이트 그린, ↓3
③ 오렌지 베이지 ④ 레드 계열
⑤ 스마일_내추럴 오렌지 ⑥ 미백 ⑦ 블론드

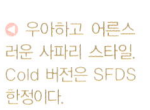

013   014

○ 도트 무늬 올인원을 입은 WUD. 둘 다 SFDS 한정 모델이다.

Cold Ver.

○ 우아하고 어른스러운 사파리 스타일. Cold 버전은 SFDS 한정이다.

The Safari of Dry Wind 질풍의 사파리 (2종)
2012.3.23   각 ¥12,800

① 쿨+MB01 ② C_라이트 블루, ↑2 ③ 브론즈 골드 그러데이션 ④ 오렌지 계열
⑤ 오버 립 펄 코랄 핑크 ⑥ 미백 ⑦ 소프트 블랙 (Cold: 페일 애시 블론드)

Wake-Up momoko DOLL WUD013
2012.3.28   ¥5,800

① 쿨+MB01 ② R_웜 그레이
③ 파스텔 옐로 ④ 오렌지 계열
⑤ 스마일_누드 코랄 핑크
⑥ 내추럴_소프트 블랙

Wake-Up momoko DOLL WUD014
2012.3.28   ¥5,800

① 쿨+MB01 ② R_라이트 브라운, ↓3
③ 파스텔 핑크 ④ 핑크 계열
⑤ 샤프_페일 오페라 핑크
⑥ 내추럴 ⑦ 체리 브라운

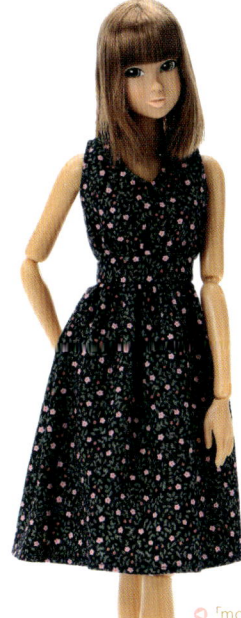

Smile Wedding
스마일 웨딩
2012.6.16　¥12,800

① 쿨+MB01
② L_올리브 그린, ↑2
③ 오렌지 베이지+화이트 펄 그러데이션+눈시울 화이트 펄
④ 오렌지 계열
⑤ 샤프_내추럴 오렌지
⑥ 미백 ⑦ 카페 브라운

◑ 우아하고 따뜻한 느낌을 주는 가든 웨딩 스타일의 의상을 입었다.

BLACK Ver.

◑ 둘 다 SFDS 한정(발매 공지에서는 일반 판매). BLACK 버전은 소프트 블랙 컬러의 버섯 모양 보브 헤어.

◑ 「momoko DOLL 쇼핑 대작전2」전시회장, SFDS 한정. 오른쪽 눈 최초의 선탠 피부다.

Wake-Up momoko DOLL WUDsp
2012.8.11　¥5,800

① 쿨+MB01 ② R_아이비 그레이, ↓3
③ 베이지 펄 ④ 오렌지 계열
⑤ 오버 립_페일 코랄 오렌지
⑥ 선탠 ⑦ 코퍼 브라운

Too Much Too Young (2종)
2012.3.30　각 ¥12,800

① 쿨(SK)+MB01 ② C_라이트 블루, ↑2 ③ 전체 라이트 그레이A+눈시울 화이트 펄
④ 핑크 계열 ⑤ 샤프_페일 누드 베이지 ⑥ 미백 ⑦ 핑키시 블론드 (BLACK: 소프트 블랙)

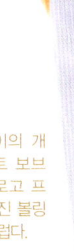

◑ 리본 달린 튜브탑 원피스에 리본장식이 달린 언더쇼츠와 가방까지 달콤한 코디네이션이다.

◑ 귀밑 길이의 개성 있는 쇼트 보브 헤어. 등에 로고 프린트가 새겨진 볼링 셔츠가 멋스럽다.

◑◑ 체크무늬 올 인원을 입은 WUD. 둘 다 SFDS 한정이다.

015　016

Dolly Dot
2012.8.18　¥12,800

① 쿨 I MD01
② L_다크 블루 그레이, ↑2
③ 라이트 그레이 펄
④ 오렌지 계열
⑤ 스마일_페일 베이비 핑크
⑥ 미백 ⑦ 허니 브라운

Sherbet Kids
셔벗 키즈
2012.9.4　¥12,800

① 쿨(SK)+MB01
② C_카페오레 컬러, ↘↑7
③ 딥 블루 ④ 오렌지 계열
⑤ 글래머_라이트 플럼 핑크
⑥ 내추럴 ⑦ 쿠퍼 브라운

Wake-Up momoko DOLL　WUD015/WUD016
2012.11.9　각 ¥5,800

① 쿨(SK)+MB01 ② C_핑키시 브라운, ↑2
③ 핑크 베이지+핑크 쌍꺼풀 라인 ④ 오렌지 계열
⑤ 근게끼_페일 코랄 오렌지 ⑥ 미백
⑦ WUD015: 애시 블론드 / WUD016: 코퍼 브라운

①페이스+바디 ②눈동자 ↑속눈썹 ③아이 메이크업 ④블러셔 ⑤입 ⑥피부+네일 ⑦헤어

◑ 3way 쇼트 코트 안에 망사를 덧댄 가슴 요크형 스트라이프 셔츠를 입었다.

North Wind & Viola
북풍과 비올라
2012.12.27 ￥12,800

① 쿨(SK)+MB01 ② C_플럼 브라운, ↑2 ↓3
③ 크림 베이지+브라운 베이지 쌍꺼풀 라인
④ 오렌지 계열 ⑤ 스마일_라이트 오렌지
⑥ 내추럴 ⑦ 페일 브라운

◑ 핑크색 셔츠 칼라와 둥근 레이스 칼라가 포함. 청초한 미니 원피스는 밑단 프릴과 소매 라인이 포인트.

Beautiful Lines
2013.1.30 ￥12,800

① 쿨(SK)+MB01 ② L_블루, ↑4
③ 크림 베이자+브라운 베이지 쌍꺼풀 라인+눈시울 크림 베이자 ④ 오렌지 계열
⑤ 스마일_페일 누드 베이지 ⑥ 미백 ⑦ 코퍼 브라운

◑ 모두가 만드는 momoko 2012는 사랑스러운 「브리티시 보이 스타일」이다. SFDS 한정.

FAN VOTE momoko DOLL 2012
모두가 만드는 momoko DOLL 2012
2013.2.20 ￥12,800

① 쿨+MB01 ② L_딥 블루, ↑2
③ 라이트 그레이자+화이트 펄 그러데이션
④ 핑크 계열 ⑤ 스마일_라이트 코랄 핑크
⑥ 미백 ⑦ 스트로베리 브라운

◑ 살짝 그을린 듯한 내추럴 피부에 히메 커트를 한 믹스 컬러 헤어를 매치시켰다.

Beach Angel
2013.6.1 ￥12,800

① 쿨(SK)+MB01 ② L_브라운, ↑2
③ 그레이자+그레이 쌍꺼풀 라인+화이트 펄 그러데이션 ④ 레드 계열 ⑤ 스마일_클리어 핑크
⑥ 내추럴 ⑦ 코퍼 브라운x애시 브라운

◑ 12주년 이벤트 「12 momoko」(아존) 한정. WUD007과 같은 페이스를 사용했다.

Wake-Up momoko DOLL
WUDsp Azone
2013.8.17 ￥5,800

① 쿨+MB01 ② L_다크 브라운, ↑2
③ 누드 베이지 ④ 레드 계열
⑤ 스마일_라이트 코랄 핑크
⑥ 미백 ⑦ 코퍼 브라운

◑ 입고 있는 백 오픈 스타일 탑은 뒤쪽이 검은 색이다.

Ambivalent Girl
2013.9.11 ￥12,800

① 쿨(SK)+MB01 ② L_다크 올리브, ↑2
③ 스모키 그린+눈시울 화이트 펄
④ 오렌지 계열 ⑤ 스마일_클리어 코랄 핑크
⑥ 미백 ⑦ 블론드x애시 블론드

◑ 꿈꾸는 듯한 옅은 색감과 우아한 분위기가 아름답다. 대단히 인기 있는 모델.

A Droplet of Sand 모래의 눈물
2013.9.19 ￥12,800

① 쿨(SK)+MB01
② L_그레이시 라이트 블루, ↑3 ↓3
③ 피치 핑크+밀키 핑크 쌍꺼풀 라인
④ 오렌지 계열 ⑤ 스마일_클리어 코랄 오렌지
⑥ 미백 ⑦ 핑키시 블론드

017　　018

🔵 깅엄체크 캐미솔과 호박 바지를 입었다. 둘 다 SFDS 한정.

Wake-Up momoko DOLL　WUD017/WUD018
2013.10.13　각 ¥5,800

① 쿨+MB01 ② L_그레이시 브라운, ↑2 ③ 페일 그린
④ 핑크 계열 ⑤ 스마일_클리어 코랄 레드 ⑥ 미백
⑦ WUD017: 라이트 애시 브라운 / WUD018: 애시 브라운

🔵 hhstyle.com 한정. hh
style의 이미지 컬러인 그
린 헤어를 가진 momoko
DOLL에 CCS 구두와
Mbm 의상이 포함된 선물
세트(토르소는 미포함).

🔵 모두가 만드는
momoko 2013
부터는 WUD처
럼 심플한 의상
으로 변경되었다.
파스텔 핑크 양
갈래 머리가 사
랑스러운 SFDS
한정 모델.

FAN VOTE momoko DOLL 2013
모두가 만드는 momoko DOLL 2013
2013.12.13　¥7,000

① 쿨+MB01 ② L_아쿠아 블루, �→ ↑
③ 화이트 펄+라이트 브라운 라인 ④ 레드 계열
⑤ 스마일_누드 핑크 ⑥ 미백 ⑦ 파스텔 핑크

momoko DOLL hhstyle.com GIFT SET
2013.12.3　¥12,800

① 쿨+MB01 ② L_그레이시 브라운, ↑2 ③ 페일 그린
④ 핑크 계열 ⑤ 스마일_클리어 코랄 레드 ⑥ 미백
⑦ 카페 브라운x라이트 그린

🔵 몬치치 40주년 이
벤트 한정으로 2015년
3월 SFDS에서 재판매
됐다. 몬치치처럼 주근
깨 메이크업을 하고 파
일 원단의 올인원을 입
었다.

🔵 가슴 아래 절
개로 가동 범위
가 바뀐 New
보디(MB02) 제
1탄.

Pink　　　　Yellow　　　　Red

Wake-UP momoko DOLL WUDsp Monchhichi Pink/Yellow/Red
WUDsp 몬치치 핑크 / 옐로 / 레드
2014.1.24　각 ¥6,280

① 쿨+MB01 ② L_마호가니 브라운, ↑2 ③ 파스텔 오렌지
④ 오렌지 계열+주근깨 ⑤ 스마일_라이트 오렌지 ⑥ 내추럴 ⑦ 마호가니 브라운

Merry-go-round
회전목마
2014.2.14　¥12,800

① 쿨(SK)+MB02 ② L_블루, ↑2 ↓7
③ 옐로 베이사+페일 브라운 쌍꺼풀 라인
④ 오렌지 계열 ⑤ 스마일_누드 핑크
⑥ 미백 ⑦ 핑키시 블론드

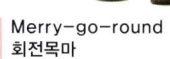

①페이스+보디 ②눈동자 ↑속눈썹 ③아이 메이크업 ④블러셔 ⑤입 ⑥피부+네일 ⑦헤어

Harmony of Angels
천사의 하모니
2014.7.1   각 ¥12,800

① 쿨+MB02 ② L_페일 블루, ↑2
③ 라이트 라벤더 ④ 핑크 계열
⑤ 스마일_클리어 라이트 핑크 ⑥ 미백
⑦ SUNDAY: 페일 애시 블론드 /
MONDAY: 딥 블론드

🔲 momoko다운 리얼 의상과 자
연스러운 분위기로 인기가 많은 모
델로 당시 미발매 상태였던 2013년
인기투표에서 상위에 랭크되었다.

A Winter Sketch
겨울 스케치
2014.3.1   ¥12,800

① 쿨(SK)+MB02 ② L_웜 그레이
③ 누드 베이지 ④ 오렌지 계열
⑤ 스마일_코랄 오렌지
⑥ 내추럴 ⑦ 마호가니 브라운

🔲 코르셋 스커트에서 눈에
띄는 천사의 하프 무늬는
오리지널 프린트, SUNDAY
는 옆 가르마, MONDAY는
가운데 가르마다.

SUNDAY Ver.   MONDAY Ver.

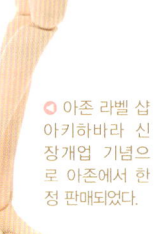

🔲 나이트가운 안
에 브래지어와 망
사 쇼츠를 입었다.
클리어 소재 T 스
트랩 펌프스가 시
원한 느낌을 준다.

🔲 아존 라벨 샵
아키하바라 신
장개업 기념으
로 아존에서 한
정 판매되었다.

🔲 투고 이벤트 「mo
moko GRAFFITI」
세키구치 상의 부상.
WUDsp 몬치치 페
이스에 4가지 색을
섞은 식모로 특별
제작되었다.

RIPPLE Ver.   SURF Ver.

Wake-Up
momoko DOLL
WUDsp Azone002
2014.7.26   ¥5,800

① 쿨+MB01
② L_라이트 블루, ↑2
③ 피치 핑크 ④ 핑크 계열
⑤ 스마일_누드 핑크
⑥ 미백 ⑦ 페일 블론드

Wake-Up
momoko DOLL
WUDsp Azone003
2014.7.26   ¥5,800

① 쿨+MB01
② R_다크 레드, ↓3
③ 페일 그레이 ④ 핑크 계열
⑤ 오버 립_누드 핑크
⑥ 미백 ⑦ 화이트

A Cradle of Waves 파도의 요람
2014.8.20   ¥12,800

① 쿨(SK)+MB+MB02 ② L_RIPPLE: 딥 핑크 / SURF: 라벤더 그레이, ↑2
③ 화이트 펄+눈시울 펄 ④ 레드 계열
⑤ 오버 립_RIPPLE: 라이트 오렌지 / SURF: 코랄 핑크
⑥ RIPPLE: 미백 / SURF: 선탠
⑦ RIPPLE: 딥 옐로 블론드 / SURF: 핑키시 브라운

Wake-Up momoko DOLL
WUDsp GRAFFITI
2014.9.11   비매품

① 쿨+MB01 ② L_마호가니 브라운, ↑2
③ 파스텔 오렌지 ④ 오렌지 계열+주근깨
⑤ 스마일_라이트 오렌지 ⑥ 내추럴
⑦ 애시 블론드x샴페인 브라운x카페 브라운x다크 애시
브라운

LAMM   FROMM

◐◐ 「LAMMFROMM」각 점포 한정 모델로, 2015년 1월에 재판매되었다. 「질풍의 사파리」와 동일한 의상에 「모두가 만드는 momoko 2007」과 같은 모자를 조합해 전혀 다른 이미지로 변신했다.

LAMMFROMM momoko DOLL "LAMM" "FROMM"
2014.10.9   각 ￥15,800

① 쿨+MB01 ② L_페일 그린, ↘ ③ 딥 올리브 그린 라인 ④ 핑크 계열
⑤ 스마일_매트 라이트 핑크 ⑥ 미백 ⑦ LAMM: 스트로베리 브라운 / FROMM: 블론드

CLEAN Ver.   SWEET Ver.

◐◐ 같은 의상을 조금 다르게 코디네이션했다. CLEAN은 머리띠, SWEET는 캉캉 모자 포함이다.

Dancing with Kittens   고양이와 춤을
2014.11.6   각 ￥12,800

① 쿨+MB02 ② L_CLEAN: 카키 브라운 / SWEET: 그레이시 브라운, ↑2
③ CLEAN: 오렌지 베이지 / SWEET: 페일 그레이(오른쪽 눈 아래 점)
④ CLEAN: 레드 계열 / SWEET: 오렌지 계열
⑤ CLEAN: 스마일_클리어 코랄 오렌지 / SWEET: 스마일_코랄 오렌지
⑥ 내추럴 ⑦ CLEAN: 미디엄 브라운 / SWEET: 다크 애시 브라운

◐ 모두가 만드는 momoko 2014는 최초의 오른쪽 눈이다. 투명한 색감은 북유럽 소녀를 연상시킨다.

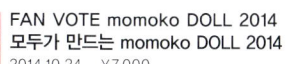

FAN VOTE momoko DOLL 2014
모두가 만드는 momoko DOLL 2014
2014.10.24   ￥7,000

① 쿨+MB01 ② R_터쿼이즈 블루, ↓3
③ 그레이 베이지 ④ 핑크 계열
⑤ 스마일_클리어 쿨 레드
⑥ 미백 ⑦ 페일 블론드

◐ 몬치치 이벤트, 아존 한정. 다른 WUDsp 몬치치와는 달리 파란 눈에 핑크 입술이다.

Wake-UP momoko DOLL WUDsp Monchhichi Blue
WUDsp 몬치치 블루
2014.10.25   ￥7,800

① 쿨+MB01 ② L_블루, ↑2
③ 파스텔 옐로 ④ 핑크 계열+주근깨
⑤ 스마일_베이지 핑크
⑥ 내추럴 ⑦ 샴페인 브라운

One   Two

◐ 몬치치 이벤트, 아존 한정. one과 two는 땋은 머리가 한 갈래인지 양갈래인지를 의미. one은 앞머리가 약간 동그랗다.

Wake-UP momoko DOLL WUDsp Monchhichi Purple One/ Two
WUDsp 몬치치 퍼플 one/two
2015.1.23   각 ￥7,800

① 쿨+MB02 ② L_마호가니 브라운, ↓2 ③ 파스널 오렌지
④ 오렌지 계열+주근깨 ⑤ 스마일 라이트 오렌지 ⑥ 내추럴 ⑦ 카페 브라운

① 페이스 + 바디 ② 눈동자, ↕속눈썹 ③ 아이 메이크업 ④ 블러셔 ⑤ 입 ⑥ 피부 + 네일 ⑦ 헤어

◐ 초콜릿 컬러 투피스와 오렌지 계열 메이크업으로 성숙한 귀여움을 보여주는 momoko.

◐ 아련하면서 환상적인 존재감을 뿜어내는 아름다운 momoko.

019　　　020

▲ 정면 눈동자에 눈썹이 없는 상냥한 표정의 momoko. 둘 다 SFDS 한정이다.

Orange Chocolat
오렌지 쇼콜라
2015.3.10　¥12,800

① 쿨+MB02 ② C_카키 그린
③ 밀키 그린 ④ 오렌지 계열
⑤ 스마일_매트 오렌지
⑥ 내추럴 ⑦ 코퍼 브라운

Wake-Up momoko DOLL　WUD019/WUD020
2015.6.30　각 ¥6,800

① 쿨+MB01 ② C_다크 브라운 ③ 베이지
④ 레드 계열 ⑤ 스마일_클리어 핑크 ⑥ 내추럴
⑦ WUD019: 리얼 블랙 / WUD020: 샴페인 브라운

Destiny's Night　운명의 밤
2015.6.8　¥12,800

① 쿨(SK)+MB02 ② L_웜 그레이, ↓2
③ 파스텔 핑크+페일 그레이 쌍꺼풀 라인
④ 핑크 계열 ⑤ 오버 립_펄 플럼 핑크
⑥ 미백 ⑦ 화이트x실버

◐ 세키구치 momoko DOLL 10주년 기념 모델. 세키구치 momoko DOLL 제1탄 「퓨어 바이올렛」 이미지를 '정면 눈'으로 바꾸어 2015년 스타일로 만들었다.

◐ 셔츠 원피스 안에 핑크 계열 직은 꽃무늬와 흰색이 배색된 블라우스를 입었다.

◐ 모두가 만드는 momoko 2015에서 최초의 미백 피부가 아닌 선탠 피부 모델. SFDS 한정이다.

Deep Violet
딥 바이올렛
2015.8.1　¥12,800

① 쿨(SK)+MB02 (왼쪽 가슴 타투)
② C_(소프트)_브라운, ↓2
③ 전체 브론즈+실버 라인
④ 핑크 계열 ⑤ 글래머_매트 핑크
⑥ 미백 ⑦ 애시 브라운

Soft Hot Milk
소프트 핫 밀크
2015.11.30　¥12,800

① 쿨+MB02
② R_색스 블루(회청색), ↓3
③ 페일 그레이 ④ 오렌지 계열
⑤ 샤프_누드 베이지 ⑥ 내추럴
⑦ 다크 애시 브라운x샴페인 브라운

FAN VOTE momoko DOLL
모두가 만드는 momoko DOLL 2015
2015.12.21　¥7,000

① 쿨+MB01 ② R_에메랄드 그린, ↓3
③ 펄 화이트 베이지 ④ 핑크계열
⑤ 스마일_스모키 페일 핑크
⑥ 선탠 ⑦ 화이트

○○ 아존 「momoko DOLL 페어」. 아존 직영점 한정. 파스텔 컬러와 눈 아래 블러셔가 귀여운데 특히 Azone005의 인기가 높다.

○ 몬치치 이벤트 한정. WUDsp 몬치치 옐로와 같은 머리 모양이지만 옐로보다 앞머리 사기 라인이 낮다. 블러셔는 진한 편.

○ 컬러가 다른 의상 세트 「Red Riding Hood」가 SFDS 한정으로 발매됐다.

Wake-Up momoko DOLL WUDsp Azone004
2016.1.20　¥7,000

① 쿨+MB01 ② L_카키 그린, ↑2
③ 오렌지 브라운+오렌지 브라운 라인
④ 오렌지 계열 ⑤ 스마일_라이트 오렌지
⑥ 선탠 ⑦ 소프트 블랙

Wake-Up momoko DOLL WUDsp Azone005
2016.1.20　¥7,000

① 쿨+MB01 ② R_핫 핑크, ↑3
③ 그레이+눈시울 화이트 펄 ④ 핑크 계열
⑤ 샤프_페일 오페라 핑크 ⑥ 미백
⑦ 슈거 핑크x밀키 블루

Wake-UP momoko DOLL WUDsp Monchhichi Hooded Cape
몬치치 후드 케이프
2016.1.20　¥7,500

① 쿨+MB01 ② L_마호가니 브라운, ↑2
③ 파스텔 오렌지 ④ 오렌지 계열+주근깨
⑤ 스마일_라이트 오렌지 ⑥ 내추럴
⑦ 마호가니 브라운

Black Riding Hood
블랙 라이딩 후드
2016.1.23　¥12,800

① 쿨+MB02
② L_스모키 블루, ↑2 ③ 아이보리
④ 핑크 계열 ⑤ 스마일_라이트 밀키 핑크
⑥ 내추럴 ⑦ 딥 허니 블론드

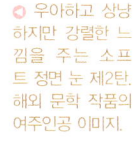
○ 우아하고 상냥하지만 강렬한 느낌을 주는 소프트 정면 눈 제2탄. 해외 문학 작품의 여주인공 이미지.

○ 신형 보스턴 안경과 신형 스니커즈가 포함되었다.

○ 풀오버 니트는 같에 항공 점퍼를 입어도 걸리적거리지 않는 절묘한 사이즈.

○ 스모크 그레이 컬러의 빅 사이즈 선글라스가 포함되었다.

The Platform Departure
네가 떠난 홈
2016.3.11　¥12,800

① 쿨+MB02 ② L_페일 브라운
③ 크림 베이지+화이트 펄 라인
④ 오렌지 계열 ⑤ 스마일 클리어 코랄 핑크
⑥ 미백 ⑦ 카페 브라운

The Heather Fairy / 히스의 요정
2016.4.7　¥12,800

① 쿨(SK)+MB02
② C(스프트)_그래스 그린, ↑2
③ 전체 컬 베이지+필 라이트 베이시 라인
④ 오렌지 계열 ⑤ 글래머_내추럴 오렌지
⑥ 미백 ⑦ 핑키시 블론드

Tartan Syndrome
타탄 신드롬
2016.5.10　¥12,800

① 쿨+MB02 ② C_다크 그레이, ↑2
③ 페일 브라운 ④ 레드 계열
⑤ 스마일 클리어 코랄 핑크
⑥ 내추럴 ⑦ 리얼 블랙

Lady Long Legs
2016.7　¥12,800

① 쿨+MB02 ② L_인디고 블루, ↑2
③ 페일 라벤더 ④ 핑크 계열
⑤ 샤프+밀키 핑크 ⑥ 미백
⑦ 샴페인 브라운

1 페이스+보디 2 눈동자 ↑1 속눈썹 3 아이 메이크업 4 블러셔 5 입 6 피부+네일 7 헤어

BLACK ×
YELLOW Ver.

Fruity Shaved Ice
프루티 빙수 (2종)
2016.8　각 ¥12,800

① 쿨+MB02 ② C_라이트 브라운, ↑2 ↓8
③ 파스텔 핑크 ④ 핑크 계열
⑤ 스마일_파스텔 펄 핑크 ⑥ 미백
⑦ 페일 애시 블론드x파스텔 핑크 (BLACKxYELLOW:
페일 애시 블론드x옐로 블론드)

Wake-Up momoko DOLL
WUDsp Azone006 (친칠라 실버)
2016.8　¥7,000

① 쿨+MB01 ② C_페일 블루, ↑2
③ 파스텔 블루 ④ 핑크 계열 ⑤ 오버 립_클리어 핑크
⑥ 미백 ⑦ 실버

Wake-Up momoko DOLL
WUDsp　Azone007 (브라운 태비)
2016.8　¥7,000

① 쿨+MB01 ② L_모스 그린, →1
③ 베이지+브라운 라인 ④ 핑크 계열
⑤ 오버 립_누드 핑크 ⑥ 내추럴
⑦ 딥 블론드x다크 애시 브라운

006　007

Holly COLUMN
「선택할 수 있는 momokoDOLL」

2012년 여름 10주년 이벤트 「momoko DOLL 쇼핑 대작전 스페셜2」에서 시작된 momoko 세미 오더 기획. momoko의 페이스, 피부, 헤어스타일, 헤어 컬러 등을 원하는 대로 조합할 수 있다.
'이 페이스에 이런 헤어 컬러면 좋겠다'라고 생각해도 직접 식모하는 것은 어렵다. 팬들의 이런 목소리를 수렴한 이 기획은 큰 호평을 받았고 2012년 수주 개시 단 몇 분 만에 완판됐다. 팬들의 성원에 힘입어 약 반년 동안 매달 1~2번 수주 판매를 했다. 2013년 이후에도 헤어 컬러와 스타일 등 선택지에 변화를 주면서 매년 개최되고 있다. 2016년에는 페이스 타입이 리뉴얼되어 왼쪽, 오른쪽, 정면 눈동자 중에서 선택할 수 있었다.

■ 선택할 수 있는 momoko (2012)
헤어 컬러(8), 헤어스타일(8), 페이스(4)로 총 조합은 256가지! 앞머리 있음과 스트레이트 등 일반적 헤어스타일도 포함해 양 갈래나 사이드 테일도 선택 가능하다.

■ 선택할 수 있는 momoko (2013)
헤어 컬러(8), 헤어스타일(6), 페이스(4)로 총 조합은 192가지! 양 갈래 머리와 사이드 테일은 없어졌지만 인기가 높은 '앞머리 있음(없음) 보브'는 선택할 수 있다.

■ 선택할 수 있는 momoko (2014)
헤어 컬러(10), 헤어스타일(6), 페이스(4)로 총 조합은 240가지! 헤어 질감은 스트레이트만 가능. 가운데 가르마뿐 아니라 '앞머리 있음(없음) 옆 가르마 롱'이 등장했다.

■ 선택할 수 있는 momoko (2015)
헤어 컬러(20), 헤어스타일(4), 페이스(1)로 총 조합은 80가지! 페이스는 선탠 피부에 오렌지 메이크업만 가능. 헤어스타일이 4종인 반면 컬러는 20가지로 많아졌다.

▌ FACE & MAKE-UP

2012-2014 공통
1. 내추럴 피부/왼쪽 눈
①쿨+MB01 ②L_라이트 브라운, ↓2
③베이지 ④오렌지 계열
⑤스마일_페일 코랄 오렌지 ⑥내추럴

2. 미백 피부/왼쪽 눈
①쿨+MB01 ②L_라이트 블루 그레이
③화이트 펄+페일 브라운 그러데이션
④핑크 계열
⑤스마일_페일 베이비 핑크 ⑥미백

3. 내추럴 피부/오른쪽 눈
①쿨+MB01 ②R_라이트 브라운, ↓3
③베이지 ④오렌지 계열
⑤오버 립_페일 코랄 오렌지 ⑥내추럴

4. 미백 피부/오른쪽 눈
①쿨+MB01 ②R_라이트 블루 그레이,
↓3
③화이트 펄 ④핑크 계열
⑤오버 립_페일 베이비 핑크 ⑥미백

2015
선탠 피부 / 왼쪽 눈
①쿨(SK)+MB01 ②L_카멜
③오렌지 베이지 ④오렌지 계열
⑤오버 립_오렌지 ⑥선탠

▌ HAIR STYLE

2012
1. 앞머리 있는 롱 스트레이트
2. 앞머리 있는 롱 컬
3. 앞머리 없는 롱 스트레이트
4. 앞머리 없는 롱 컬
5. 양 갈래 스트레이트 6. 양 갈래 컬
7. 사이드 테일 스트레이트
8. 사이드 테일 컬

2013
1. 앞머리 있는 롱 스트레이트
2. 앞머리 있는 롱 컬
3. 앞머리 없는 롱 스트레이트
4. 앞머리 없는 롱 컬
5. 앞머리 있는 보브 6. 앞머리 없는 보브

2014
1. 앞머리 있는 가운데 가르마 롱 스트레이트
2. 앞머리 있는 가운데 가르마 롱 컬
3. 앞머리 있는 7-3 가르마 롱 스트레이트
4. 앞머리 없는 7-3 가르마 롱 스트레이트
5. 앞머리 있는 보브 6. 앞머리 없는 보브

2015
1. 앞머리 있는 가운데 가르마 롱 스트레이트
2. 앞머리 없는 가운데 가르마 롱 스트레이트
3. 앞머리 있는 보브 4. 앞머리 없는 보브

▌ HAIR COLOR　※수주 시 헤어 컬러 번호와 명칭(대응하는 현재 컬러 명칭)

2012
1. 라이트 브라운(허니 브라운)
2. 브라운(레디시 브라운)
3. 다크 브라운(마호가니 브라운)
4. 소프트 블랙 5. 핑크
6. 라이트 블루 7. 실버
8. 블론드(페일 블론드)

2013
1. 라이트 브라운(허니 브라운)
2. 애시 블론드(딥 애시 블론드)
3. 다크 브라운(마호가니 브라운)
4. 소프트 블랙 5. 핑크
6. 와인 레드 7. 화이트 8. 오렌지

2014
1. 라이트 브라운(허니 브라운)
2. 애시 블론드(딥 애시 블론드)
3. 다크 애시 블론드
4. 소프트 블랙
5. 블론드(페일 블론드)
6. 실버 7. 캐럿 레드
8. 라이트 애시 브라운
9. 페일 블론드(옐로 블론드)
10. 네이비

2015
1. 허니 브라운
2. 딥 애시 블론드
3. 다크 애시 브라운
4. 소프트 블랙
5. 페일 블론드
6. 실버
7. 라이트 애시 브라운
8. 허니 블론드
9. 네이비
10. 플래티넘 화이트 (화이트)
11. 리얼 블랙
12. 체리 브라운
13. 와인 레드
14. 딥 레드
15. 밀키 스트로베리
16. 슈거 핑크
17. 라벤더
18. 다크 블루(블루)
19. 페일 블루(밀키 블루)
20. 라이트 그린

2012
좌「헤어 컬러2-스타일2-페이스1」
우「헤어 컬러6-스타일5-페이스4」

2013
좌「헤어 컬러2-스타일3-페이스2」
우「헤어 컬러6-스타일2-페이스3」

2014
좌「헤어 컬러3-스타일5-페이스3」
우「헤어 컬러1-스타일6-페이스4」

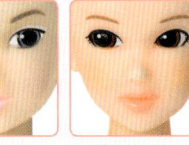
2015
좌「헤어 컬러10-스타일1」
우「헤어 컬러16-스타일4」

FACE & MAKE-UP

1. 내추럴 피부/왼쪽 눈　2. 미백 피부/왼쪽 눈　3. 내추럴 피부/오른쪽 눈　4. 미백 피부/오른쪽 눈　5. 선탠 피부/왼쪽 눈(2015)

momoko

BONUS

패턴

momoko3 PATTERN

momoko 를 위한 1/6 부티크 「MOMOKO by momoko」의 역대 인기 아이템 3 종 패턴을 최초 공개한다!
상품으로 팔 수 있을 만큼 고난도 재봉이지만 차근차근 정성스럽게 만들면 분명 완성할 수 있다☆
그리고 상품으로 나온 의상에 고마움을 느낄 수도…

모든 패턴은 이 책의 표지 (커버) 안쪽에 있다.
100% 사이즈로 복사해서 사용하면 된다.

「장식 칼라 슬립 & 레깅스 세트」
2013년 6월 발매　¥2,100

「걸리 란제리 세트」
2013년 6월 발매　¥2,100

「레이어드 스타일 튜닉 원피스」
2011년 12월 발매　¥2,100

MOMOKO by momoko 「걸리 란제리 세트」

(패턴→책 표지 커버 안쪽)

material 재료 (가로X세로)

브래지어
- □ 컵용 원단… 6cm X 10cm
- □ 언더벨트용 원단… 8cm X 12cm
- □ 5mm 폭 레이스… 16cm
- □ 3.5mm 폭 자수용 리본… 적당량
- □ 벨크로… 적당량

언더쇼츠
- □ 언더쇼츠용 원단… 7cm X 14cm
- □ 프릴용 원단… 4cm X 12cm(바이어스 방향)
- □ 5mm 폭 레이스… 4cm
- □ 3.5mm 폭 자수용 리본… 적당량
- □ 뒤트임용 3mm 펄 비즈… 1개

How to make

브래지어 (난이도 : ★★★★)

1. 각 파츠를 재단하고 올풀림 방지액을 바른다.
2. 브래지어 컵 A, B의 곡선 부분을 겉끼리 마주보도록 재봉한다. 시접에 가위집을 넣고 가름솔을 한다.
3. 브래지어 컵 안감도 같은 방법으로 재봉한다.
4. 컵의 겉감과 안감을 겉끼리 마주보도록 해서 윗부분을 재봉하고 시접에 가위집을 낸다. 겉으로 뒤집어 다림질한다.
5. 레이스 16cm를 반으로 잘라 컵 윗부분에 각각 단다.
6. 레이스는 아래 그림처럼 어깨끈이 된다.
7. 컵의 겨드랑이 쪽부터 어깨끈 쪽까지 스티치를 해서 어깨끈을 고정한다.
8. 언더벨트 2장을 겉끼리 마주대어 윗부분을 재봉한다. 시접에 가위집을 넣고 겉으로 뒤집는다.
9. 곡선 부분이나 중심의 좁은 부분 등은 송곳으로 정리하고 다림질한다.
10. 컵과 언더벨트를 겹쳐서 원단용 접착제로 임시 고정한다.
11. 어깨끈 레이스를 언더벨트의 어깨끈 위치에 원단용 접착제로 임시 고정한다(어깨끈 길이는 4.8cm). 남은 레이스는 잘라낸다.
12. 언더벨트 아랫부분은 완성선대로 접어서 원단용 접착제로 붙인다.
13. 언더벨트 아랫부분부터 컵이 부착된 윗부분까지 전체적으로 스티치를 넣는다.
14. 뒤중심을 완성선대로 접어 원단용 접착제로 붙이고 벨크로를 재봉해 붙인다.
15. 앞중심에 리본을 달면 완성.

언더쇼츠 (난이도 : ★★★)

1. 각 파츠를 재단하고 올풀림 방지액을 바른다.
2. 쇼츠 레이스 다는 위치에 레이스를 단다.
3. 프릴 파츠에 주름용 스티치를 2줄 넣는다.
4. 쇼츠 프릴을 달 부분의 길이에 맞춰 주름을 잡는다.
5. 쇼츠와 프릴을 겉끼리 마주보도록 해 재봉한다.
6. 허벅지 둘레, 허리, 뒤트임 부분의 시접을 완성선대로 접어 원단용 접착제를 바른다(접기 어려운 곡선 부분은 시접에 가위집을 넣는다).
7. 접착한 부분에 스티치를 넣는다.
8. 겉끼리 맞댄 상태에서, 트임 끝 위치까지 뒤중심을 재봉하고 가름솔을 한다.
9. 겉끼리 맞댄 상태에서 가랑이를 재봉한다.
10. 뒤트임에 비즈와 실고리를 만들어 단다.
11. 앞중심에 리본을 달면 완성.

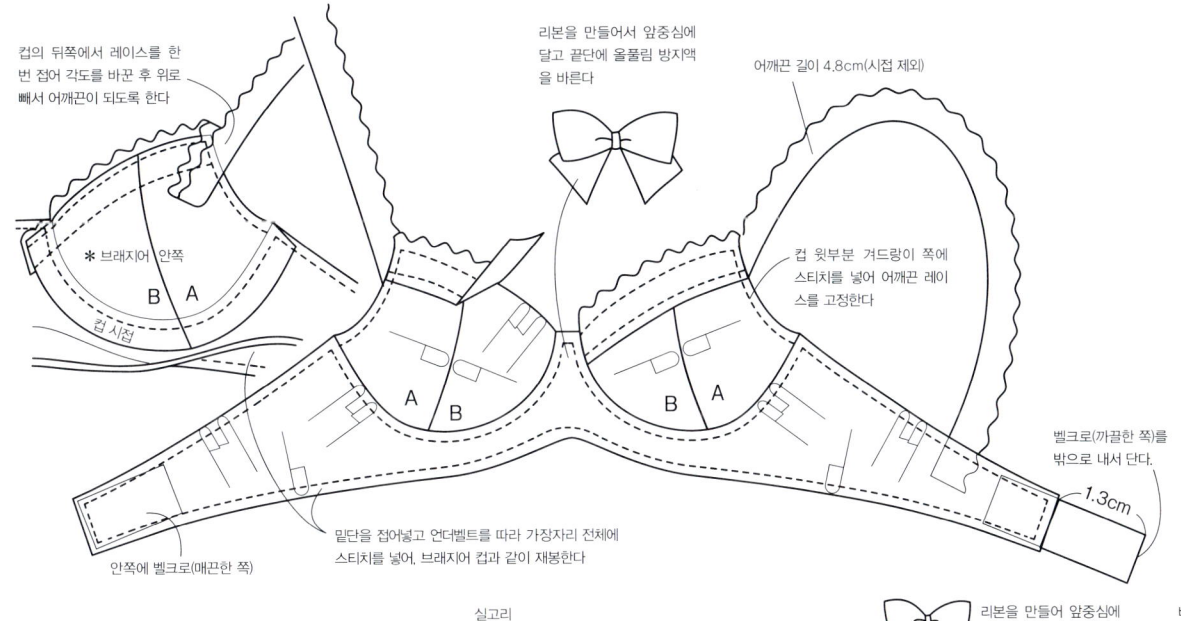

컵의 뒤쪽에서 레이스를 한 번 접어 각도를 바꾼 후 위로 빼서 어깨끈이 되도록 한다

리본을 만들어서 앞중심에 달고 끝단에 올풀림 방지액을 바른다

어깨끈 길이 4.8cm(시접 제외)

＊브래지어 안쪽

B A

컵 시접

컵 윗부분 겨드랑이 쪽에 스티치를 넣어 어깨끈 레이스를 고정한다

벨크로(까끌한 쪽)를 밖으로 내서 단다

1.3cm

밑단을 접어넣고 언더벨트를 따라 가장자리 전체에 스티치를 넣어, 브래지어 컵과 같이 재봉한다

안쪽에 벨크로(매끈한 쪽)

뒤집어 접기 표시에 대해서

원단의 끝단에 사용하는 표시로 시접을 접을 때 참고하면 된다.

① 안쪽으로 접어서 스티치를 넣는다 — 대부분 시접이 이런 모양. 올풀림 방지액이나 오버로크 미싱으로 단을 처리한다.

② 2장을 재봉해 합치고 시접은 안쪽으로 가게 처리한다 — 겉끼리 맞대 재봉하기 → 겉으로 뒤집기

시접을 안쪽으로 가게 접은 것을 겉끼리 맞대 재봉해 합친다.

③ 2장을 재봉해 합치고 시접은 한쪽으로 접는다. — 단순히 접어서 재봉하는 것뿐이라면 ① 표시를 사용한다.

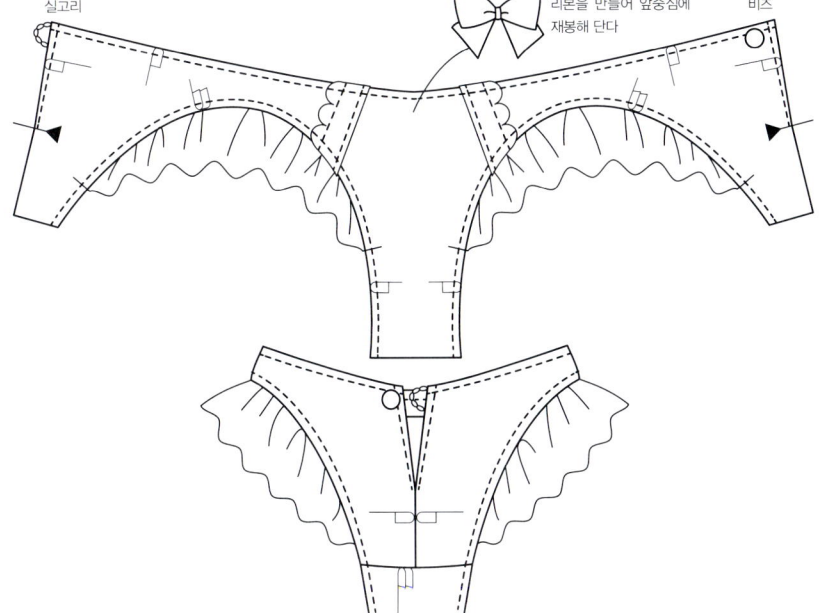

실고리

리본을 만들어 앞중심에 재봉해 단다

비즈

123

MOMOKO by momoko 「장식 칼라 슬립 & 레깅스 세트」

(패턴→책 표지 커버 안쪽)

material 재료 (가로X세로)
슬립
□ 얇은 코튼 원단⋯ 13cm X 23cm
□ 몸판 안감, 칼라용 면 론⋯ 15cm X 15cm
□ 작은 비즈⋯ 3개
□ 뒤트임용 3mm 펄 비즈⋯ 1개

레깅스
□ 천축(무명) 니트⋯ 20cm X 16cm
□ 니트용 나일론실⋯ 적당량

How to make

슬립 (난이도:★★★★)

1. 각 파츠를 재단하고 올풀림 방지액을 바른다.
2. 칼라 파츠는 겉끼리 맞대 재봉하고 겉으로 뒤집어 다림질한다.
3. 어깨끈 파츠도 파이프 형태가 되게 재봉하고 송곳 등을 이용해 뒤집어서 다림질한다.
4. 치마 밑단을 완성선대로 접어서 다림질하고 스티치를 넣는다.
5. 치마 상단에 주름용 스티치를 2줄 넣고 몸판 허리 폭에 맞춰 주름을 잡는다.
6. 몸판의 턱 주름을 접어 다림질하고 시접 부분을 원단용 접착제로 임시 고정한다.
7. 몸판과 치마를 겉끼리 맞대 재봉하고, 시접은 몸판 쪽으로 접어 다림질한다.
8. 칼라 파츠를 몸판과 겹쳐, 원단용 접착제로 시접 부분을 살짝 붙여준다.
9. 어깨끈 파츠는 몸판 뒤쪽에만 원단용 접착제로 임시 고정한다(몸판 겉감ㆍ안감 사이에 끼워진 상태가 된다).
10. 몸판 겉감ㆍ안감을 겉끼리 맞대 상단(가슴 주변)을 재봉한다.
11. 시접에 가위집을 넣어 겉으로 뒤집고 다림질로 정돈한다.
12. 어깨끈을 몸판 앞쪽에 원단용 접착제로 임시 고정한다.
13. 몸판 상단(뒤부터 앞쪽 어깨끈 붙인 부분까지)에 스티치를 넣는다.
14. 앞중심에 비즈 3개를 단다.
15. 뒤트임 부분을 완성선대로 접어 스티치를 넣는다.
16. 뒤중심을 겉끼리 맞대 재봉하고 가름솔 한다.
17. 뒤트임에 비즈와 실고리를 달면 완성.

레깅스 (난이도 : ★)

※착용 시 늘어날 수 있어 반드시 니트용 나일론실을 사용해야 한다. ※사용하는 원단의 신축성에 따라 사이즈의 변동이 클 수 있으므로 적절히 조절해야 한다.

1. 앞중심을 겉끼리 마주대어 재봉하고 가름솔 한다.
2. 허리는 완성선대로 접어 스티치를 넣는다.
3. 밑단을 완성선대로 접어 스티치를 넣는다.
4. 뒤중심을 겉끼리 맞대 재봉하고 가름솔 한다.
5. 밑단~가랑이~밑단을 겉끼리 맞대 재봉한다.
6. 겉으로 뒤집고 다림질로 정돈하면 완성.

칼라와 어깨끈은 몸판의 겉감과 안감 사이에 끼워지도록 재봉한 후 겉으로 뒤집는다.

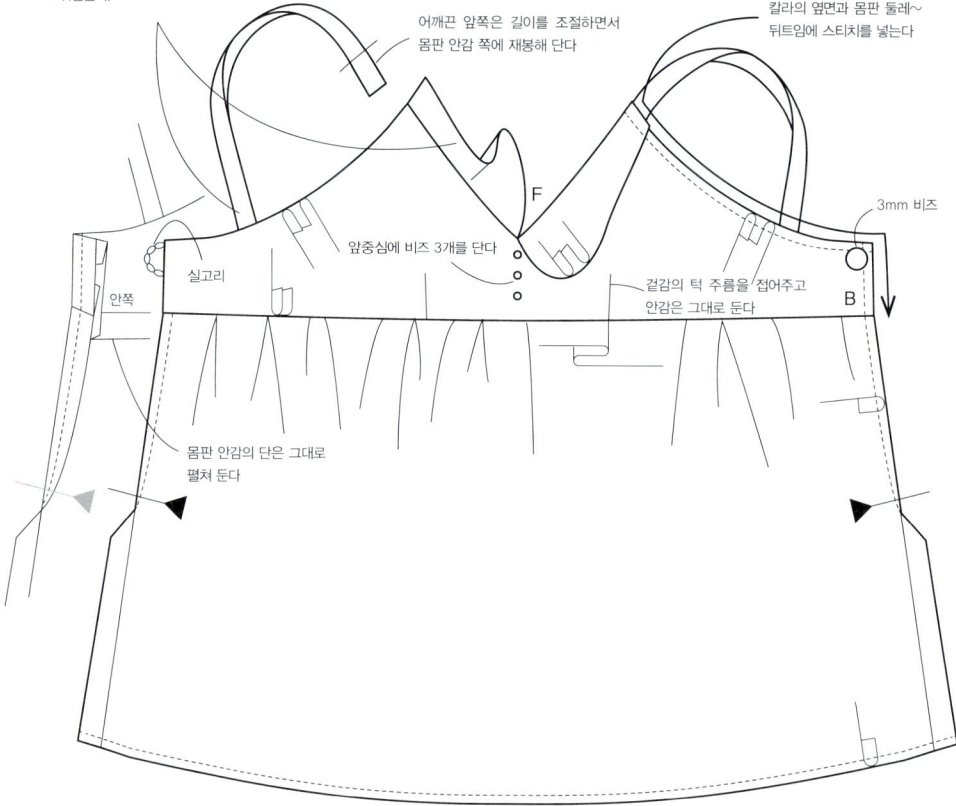

어깨끈 앞쪽은 길이를 조절하면서 몸판 안감 쪽에 재봉해 단다

칼라의 옆면과 몸판 둘레~ 뒤트임에 스티치를 넣는다

앞중심에 비즈 3개를 단다

겉감의 턱 주름을 접어주고 안감은 그대로 둔다

3mm 비즈

실고리

안쪽

F

B

몸판 안감의 단은 그대로 펼쳐 둔다

슬립 어깨끈

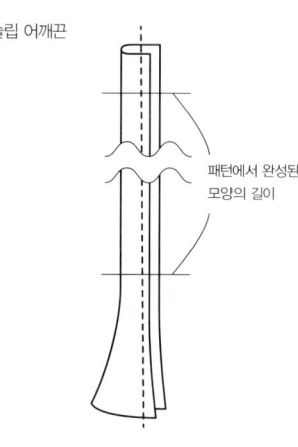
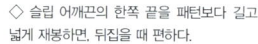

패턴에서 완성된 모양의 길이

◇ 슬립 어깨끈의 한쪽 끝을 패턴보다 길고 넓게 재봉하면, 뒤집을 때 편하다.

◇ 몸판에 재봉할 때는 넓은 부분을 빼고 길이를 맞춰야 한다(폭이 좁은 상태에서 뒤집을 수 있다면 패턴 그대로 만들어도 된다).

레깅스

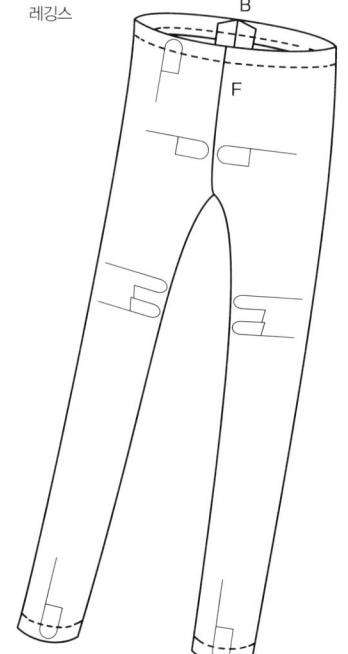

B

F

MOMOKO by momoko 「레이어드 스타일 튜닉 원피스」

(패턴→책 표지 커버 안쪽)

material 재료 (가로×세로)

튜닉 원피스

□ 니트 원단… 15cm X 27cm
□ 안감용 소프트 망사… 15cm X 16cm
□ 이너 원피스 부분용 면 론… 13cm X 6cm
□ 밑단 프릴용 면 론… 3cm X 25cm
□ 10mm 폭 레이스… 45cm
□ 실 고무… 적당량
□ 작고 동그란 비즈… 7개
□ 뒤트임용 3mm 펄 비즈… 1개

How to make

튜닉 원피스 (난이도 : ★★★★)

1. 각 파츠를 재단하고 면 론 파츠는 올풀림 방지액을 발라둔다.
2. 밑단용 프릴의 단 부분을 완성선대로 접어 다림질하고 스티치를 넣는다.
3. 프릴 파츠의 단에서 밖으로 3mm 정도 나오게 레이스를 단다.
4. 프릴 파츠 윗부분에 주름용 스티치를 2줄 넣고 16cm 길이로 주름을 잡는다.
5. 이너 원피스의 양 사이드에 레이스를 원단용 접착제로 살짝 달아준다.
6. 이너 원피스의 상단에 주름용 스티치를 2줄 넣고 테두리 파츠의 길이대로 주름을 잡는다.
7. 윗부분을 감싸듯이 테두리 파츠를 재봉해 단다.
8. 이너 원피스의 중심과 밑단 프릴 중심을 맞춰 겉끼리 맞대 재봉한다.
9. 니트 원단의 몸판 앞뒤의 어깨를 겉끼리 맞대 재봉하고 가름솔한다.
10. 몸판과 소매를 재봉하고 시접은 소매 쪽으로 접어 다림질한다.

11. 소맷부리를 완성선대로 접고 스티치를 넣는다.
12. 소맷부리에 실 고무를 통과시켜 적당한 사이즈로 줄여 묶어준다.
13. 앞 몸판 안감과 앞 몸판을 겉끼리 맞대 재봉하고, 시접을 안감 쪽으로 접어 다림질한다.
14. 앞 몸판 안감과 뒤 몸판 안감의 어깨를 재봉하고 가름솔한다.
15. 몸판 겉감과 안감을 겉끼리 맞대 목둘레에서 뒤트임 부분을 재봉해 합친다.
16. 겉 몸판의 옆선과 소매를 겉끼리 맞대 재봉한다. 소매 아래와 소매둘레 시접 두 군데에 가위집을 넣고 소매둘레 시접은 가른다.
17. 안감 옆선을 겉끼리 맞대 재봉하고 가름솔한다.
18. 겉감·안감의 밑단을 겉끼리 맞대 재봉한다.

19. 뒤중심의 트인 부분을 통해 겉으로 뒤집는다.
20. 목둘레와 단을 송곳으로 정돈하여 다림질한다.
21. 몸판 파츠는 좌우를 똑같은 방법으로 만든다.
22. 몸판 파츠의 이너 다는 위치에 이너 원피스를 겹쳐 재봉한다.
23. 목둘레 뒷부분에서 앞단 스티치가 끝나는 곳까지 스티치를 넣고, 이너 원피스를 재봉해 합친다.
24. 몸판 밑단의 안감 부분에 프릴을 공그르기로 달아준다. ※겉감에 표시가 나지 않도록 주의.
25. 앞단에 비즈 7개를 단다.
26. 뒤중심을 겉끼리 맞대 트임 위치까지 재봉하고 가름솔 한다.
27. 뒤트임에 비즈와 실고리를 달면 완성.

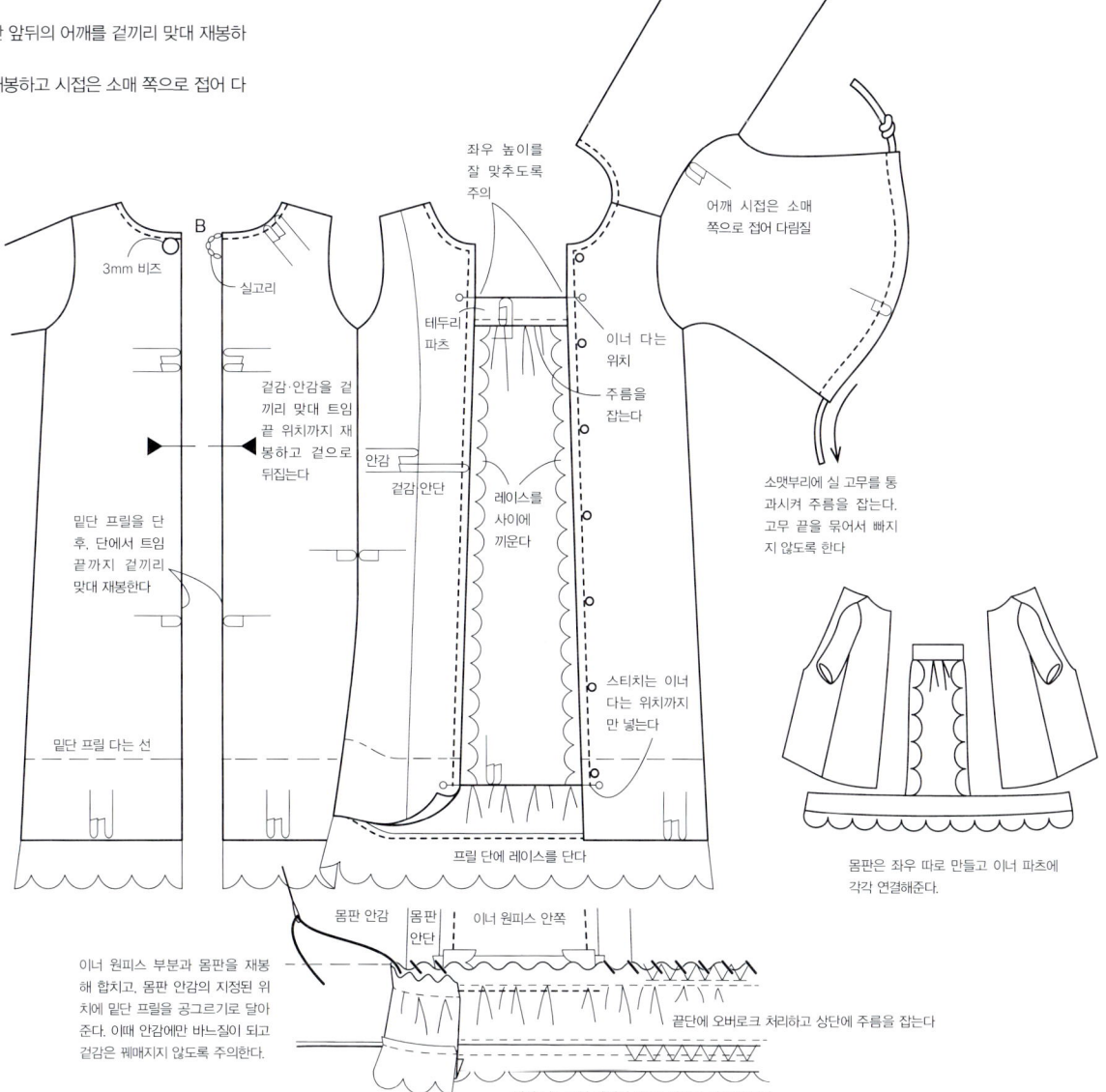

3mm 비즈
실고리

좌우 높이를 잘 맞추도록 주의

어깨 시접은 소매 쪽으로 접어 다림질

겉감·안감을 겉끼리 맞대 트임 끝 위치까지 재봉하고 겉으로 뒤집는다

테두리 파츠
이너 다는 위치
주름을 잡는다
안감
겉감·안단
레이스를 사이에 끼운다

밑단 프릴을 단 후, 단에서 트임 끝까지 겉끼리 맞대 재봉한다

밑단 프릴 다는 선

스티치는 이너 다는 위치까지만 넣는다

프릴 단에 레이스를 단다

소맷부리에 실 고무를 통과시켜 주름을 잡는다. 고무 끝을 묶어서 빠지지 않도록 한다

몸판은 좌우 따로 만들고 이너 파츠에 각각 연결해준다.

몸판 안감 몸판 안단 이너 원피스 안쪽

이너 원피스 부분과 몸판을 재봉해 합치고, 몸판 안감의 지정된 위치에 밑단 프릴을 공그르기로 달아준다. 이때 안감에만 바느질이 되고 겉감은 꿰매지지 않도록 주의한다.

끝단에 오버로크 처리하고 상단에 주름을 잡는다

레이스는 프릴 단에서 3mm 밖으로 나오게 단다

momoko
Wake-Up momoko Doll

『올 어바웃 모모코 돌』 출간 기념으로 호비재팬 독점으로 제작한 스페셜 돌.
'Wake-Up momoko Doll'의 돌리버드 스페셜 에디션으로 이미 판매 종료되었습니다.

All About momoko DOLL 3

Writer

Holly

Photographer

椛 모미지 (Cover, p.3-35)

米倉裕貴 요네쿠라 유우키 (p.64-127)

田中麻子 타나카 아사코 (p.46-54)

玉井久義 타마이 히사요시 (p.57-61)

Editor

鈴木洋子 스즈키 요우코

大村斉子 오오무라 세이코

Designer

田中麻子 타나카 아사코 (uNdercurrent)

Cover Illustration

Etoile et Griotte

Supporter

ペットワークス 펫웍스

セキグチ 세키구치

プロジェクト・ブリーダー 프로젝트 브리더

Holly's Collection에 작품 사용을 허가해준 작가들

마나베 나미에 / Daisy-D (LW Dolls) / BE FACE (LW Dolls) / Korisu Factory (LW Dolls) / Cool Dolls (LW Dolls) / Little Creatures (LW Dolls) / Petit Pretty (LW Dplls) / gecko* / hardpain-mini (후카타니 토모이치로) / 사와다 케이스케 (사와다 공방) / +yuri (카와모토 유리카) / 야마구치 노리유키 (아트프레스토 / EX- 사와다 그룹) / 모모리타 (코모리 모모코) / Four-leaf Clover (F. L. C.) 세키구치 타에코 / 마츠이시 미도리 / QP / K. S. / Galum / 카니호르 / A line / allnurds / 칠성 엔지니어링 / Ree / 아메노모리 히로코 (작은곰자리) / SILVER BUTTERFLY / 미즈바치 @BayeBee / 토키노리 요코 (토키노리 자매) / 토키노리 마사미 (토키노리 자매) / 우란 / chic ☆ rin / 니시오리 긴 (coQtus) / POSITRON / 시노하라 타모츠 / ARET / picture

momoko 수집에 도움을 주신 분들

유핑 씨 / 미와핑 씨 / 미호코 씨 / 믹키 씨 / 사토코 씨 / min-min 씨

Special thanks

momoko를 세상에 보내주신 분

momoko를 멋지게 만들어주신 분

그리고 momoko를 사랑하는 모든 분

Special thanks to Momoko's creators,

those who color her world with their beautiful creations,

those who love and cherish her.

By Holly

◇ 당신은 언제나 옳습니다. 그대의 삶을 응원합니다. ─ 라의눈 출판그룹

올 어바웃 모모코 돌

초판 1쇄 2020년 6월 1일

지은이 Holly 옮긴이 안나진
펴낸이 설응도 편집주간 안은주
영업책임 민경업 디자인책임 조은교

펴낸곳 라의눈

출판등록 2014년 1월 13일(제2014-000011호)
주소 서울시 강남구 테헤란로 78 길 14-12(대치동) 동영빌딩 4층
전화 02-466-1283 팩스 02-466-1301

문의 (e-mail)
편집 editor@eyeofra.co.kr
마케팅 marketing@eyeofra.co.kr
경영지원 management@eyeofra.co.kr

ISBN : 979-11-88726-51-6 13630

All About momoko DOLL